齋《さい》藤《とう》孝《たかし》の「負《ま》けない!」シリーズ③

友《とも》だちってひつようなの?

著　:齋藤孝
マンガ:いぢちひろゆき

PHP

はじめに

「齋藤孝《さいとうたかし》の『負《ま》けない！』シリーズ」では、きみたちがかかえるなやみや問題《もんだい》を解決《かいけつ》するための方法《ほうほう》を、マンガを通《とお》して楽《たの》しく解説《かいせつ》しています。

３巻目《かんめ》となる本書《ほんしょ》のテーマは「友《とも》だち」です。きみにも、きみの周《まわ》りの人《ひと》たちにも、友《とも》だちがいるよね。でも、友《とも》だちってなんだろう。どうして友《とも》だちが必要《ひつよう》なんだろう。きみが友《とも》だちだと思《おも》っている相手《あいて》は、きみのことを友《とも》だちと思《おも》っているだろうか…。そんなことを考《かんが》えてみたことはあるかい？

友《とも》だちといっしょに遊《あそ》んでいれば楽《たの》しいし、いなければさびしいものだよね。でも、友《とも》だちどうしでもいじめがあったり、イヤなことをがまんしたりすることもあるんじゃないかな。

これから大人《おとな》になって社会《しゃかい》に出《で》ても、人《ひと》と人《ひと》との関係《かんけい》というのは必《かなら》ず

ついてくるものです。だからこそ、小学生《しょうがくせい》の今《いま》、「友《とも》だち」というもののあり方《かた》を、本気《ほんき》で考《かんが》えてほしいと思《おも》っています。

この本《ほん》を読《よ》んで、新《あたら》しい友《とも》だちのつくり方《かた》や、友《とも》だちとのつき合《あ》い方《かた》を学《まな》んでほしい。そして、ひょっとしたら一生《いっしょう》のつき合《あ》いになるかもしれない、大切《たいせつ》な「友《とも》だち」を見《み》つけてください。

マンガの中《なか》で示《しめ》した方法《ほうほう》は、あくまでも問題《もんだい》を解決《かいけつ》するための「考《かんが》えるヒント」です。この先《さき》、きみたちにはもっとむずかしい問題《もんだい》が、大《おお》きな壁《かべ》となって立《た》ちふさがることがあります。

そんなとき、「負《ま》けない！」という心《こころ》で、自分《じぶん》の頭《あたま》でモノを考《かんが》え、自《じ》分《ぶん》の力《ちから》で目《め》の前《まえ》の問題《もんだい》を解決《かいけつ》していける大人《おとな》になる手助《てだす》けになればと思《おも》い、このシリーズをつくりました。

この本《ほん》を読《よ》むことが、「友《とも》だち、信頼《しんらい》、友情《ゆうじょう》」という、人生《じんせい》の宝物《たからもの》をつかむきっかけになってくれたら、本当《ほんとう》にうれしいです。

齋藤《さいとう》 孝《たかし》

もくじ

第《だい》3章《しょう》 友《とも》だちに気持《きも》ちを伝《つた》えよう!

第《だい》4章《しょう》 本当《ほんとう》の友《とも》だちってどんな人《ひと》のことなの?

登場人物《とうじょうじんぶつ》しょうかい

カチボシ星《せい》

カチボシ星《せい》から地球《ちきゅう》へ…。
地球《ちきゅう》から何万光年《なんまんこうねん》と遠《とお》く離《はな》れた「カチボシ星《せい》」。
カチボシ星人《せいじん》は、宇宙《うちゅう》の平和《へいわ》を守《まも》るために、
日夜《にちや》、パトロールをしている。
ある日《ひ》、地球《ちきゅう》の日本《にほん》を担当《たんとう》するカチボシ星人《せいじん》たちは、
地球《ちきゅう》へとやってくる。その理由《りゆう》は、「子《こ》どもたちのなやみ」。
カチボシ星人《せいじん》は、子《こ》どもたちのなやみを解決《かいけつ》するため、
さまざまな方法《ほうほう》を教《おし》えていく──。

ユジーン（ピンク色《いろ》）&《アンド》ダッチー（水色《みずいろ》）

カチボシ星《せい》から、ユウマたちのなやみを解決《かいけつ》するためにやってきた、とてもフレンドリーなふたり組《ぐみ》の宇宙人《うちゅうじん》。

中吉友真（ナカヨシ・ユウマ）

この本《ほん》の主人公《しゅじんこう》。小学《しょうがく》 4年生《ねんせい》。少《すこ》し内気《うちき》で友《とも》だちをつくるのが苦手《にがて》。いつも唯一《ゆいいつ》の友《とも》だち、アサヒといっしょにいる。ひとりになるのがこわい。

ユウマの学校《がっこう》の友《とも》だち

トム

ユウマのクラスに転校《てんこう》してきたアメリカ人《じん》。自己《じこ》主張《しゅちょう》が強《つよ》い。明《あか》るくて、お調子者《ちょうしもの》。日本《にほん》の文化《ぶんか》にまだ慣《な》れていない。

結衣（ユイ）

ユウマのクラスの学級《がっきゅう》委員《いいん》。いつも元気《げんき》で、まじめ。いじめが起《お》きていないか気《き》にかけている。動物《どうぶつ》が好《す》き。

朝陽（アサヒ）

ユウマの幼馴染《おさななじみ》。社交的《しゃこうてき》で、ユウマ以外《いがい》にも友《とも》だちが多《おお》い。運動《うんどう》が得意《とくい》で食《く》いしん坊《ぼう》。ユウマとはクラスがちがう。

ユウマの家族《かぞく》（中吉家《なかよしけ》の人《ひと》びと）

真人（マサト）

ユウマのお父《とう》さん。家族《かぞく》をとても大切《たいせつ》にしていて、ユウマに優《やさ》しい。

良子（ヨシコ）

ユウマのお母《かあ》さん。思《おも》いやりがあり、ユウマの疑問《ぎもん》に親身《しんみ》にこたえてくれる。

担任《たんにん》の先生《せんせい》

友崎先生（トモサキセンセイ）

ユウマのクラスの担任《たんにん》で心優《こころやさ》しい女性教師《じょせいきょうし》。クラスの生徒《せいと》から慕《した》われている。

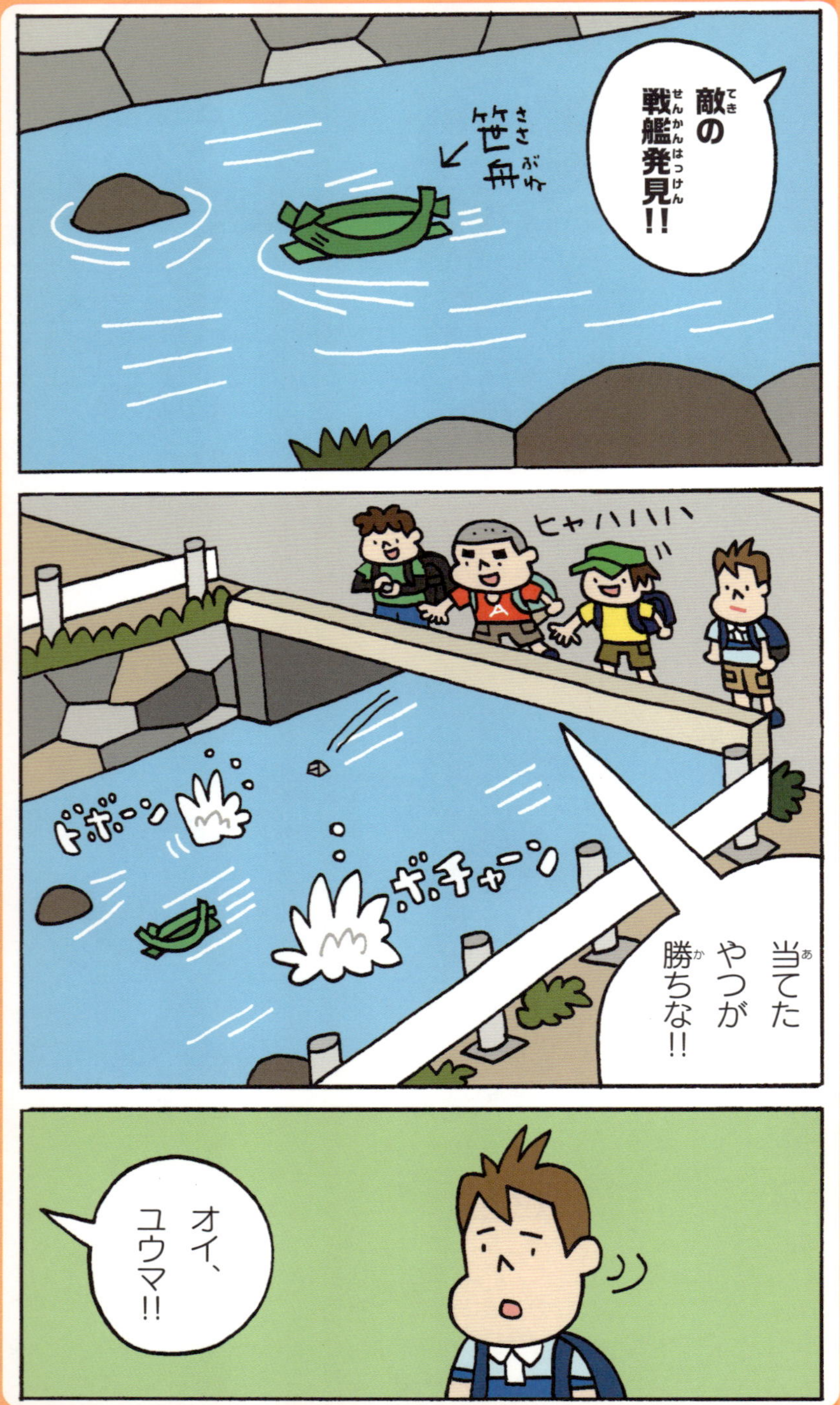
敵《てき》の戦艦《せんかん》発見《はっけん》!!
笹舟《ささぶね》
ヒャハハハ
当《あ》てたやつが勝《か》ちな!!
ドボーン
ボチャーン
オイ、ユウマ!!

ユウマは石投《いしな》げしないの？
いやー…
ホイ
塾《じゅく》の宿題《しゅくだい》があるから帰《かえ》るわ…
バイバーイ
もっと遊《あそ》ぼうぜ!!
じゃあな!!
アサヒとは友《とも》だちだけど…
ほかの子《こ》はそんなに仲良《なかよ》くないしな…
川《かわ》に石投《いしな》げてたら怒《おこ》られるかもしれないし…

でも「やめろよ!」とか言《い》うと感《かん》じ悪《わる》いし…
なんか友《とも》だち関係《かんけい》ってめんどくさい…
ただいまー
…ってだれもいないし
こういうときはひとり人生《じんせい》ゲーム!!
ひとりでやると勝《か》ちも負《ま》けもなくていいや!

1,2,3,4…
!!
なんだこのコマ!?
宇《う》宙《ちゅう》から友《とも》だちがやってきた!!
5万《まん》ドルはらう!
!?
こんなのあったっけ…
ハイどーも!!
ボワン
宇《う》宙《ちゅう》からやってきた友《とも》だちでーーす
ユジーンでーす
ダッチーでーす
わーっ!!

ところでダッチーくん、友《とも》だちというのはありがたいもんやなー
そやけどめんどくさいときもあるわなー
突然《とつぜん》宇宙《うちゅう》からやってきて、人《ひと》の家《いえ》で漫才《まんざい》するのやめてもらえます？
失礼《しつれい》しました！
ぼくらはきみが友《とも》だち関係《かんけい》でなやんでいるのを見《み》てカチボシ星《せい》からやって来《き》たんだ!!
アドバイスしようと思《おも》ってね!!

スタート
確《たし》かにだれだって人生《じんせい》のゲームはひとりでやっていくしかない!!
だからつるむだけの友《とも》だちならいらない!!
でも信頼《しんらい》できる本当《ほんとう》の友《とも》だちがいたら、人生《じんせい》はより豊《ゆた》かになる!

きみたち意外《いがい》といいこと言《い》うんだね
ちょっと今《いま》の話《はなし》ジーンとしたよ
だろ？
ユー（あなた）
ジーン
つまり…
ユージン！友人《ゆうじん》！
何《なに》これ～
ユージン！友人《ゆうじん》!!
もうぼくらは友《とも》だちだよ!!

第《だい》1章《しょう》

友《とも》だちって どうすればできるの？

ユウマくんには本当《ほんとう》の友《とも》だちっていえる人《ひと》はいないの?
うーん……
アサヒがいるよ
家《いえ》が近所《きんじょ》で幼稚園《ようちえん》がいっしょだったからアサヒとはよく遊《あそ》んでた

今《いま》は別《べつ》のクラスだから、ときどきいっしょに帰《かえ》るくらいかな
ギャハハハ
アハハハ
アサヒは友《とも》だちが多《おお》いから、そういうときもクラスの友《とも》だちとよくいっしょにいるんだ
ぼくはアサヒ以外《いがい》とは話《はな》しづらくて…
なんとなく少《すこ》し離《はな》れてる感《かん》じなんだ
ふーん
だからちょっとさびしい気《き》もする

ひとりでいるほうが気楽《きらく》だけど、やっぱりもっと友《とも》だちがいたらいいのにって思《おも》うこともあるよ
なるほど
人間《にんげん》はもともと※社会的動物《しゃかいてきどうぶつ》で、ひとりでは生《い》きられない
ひとりでできることは限《かぎ》られている
だから、だれもが友《とも》だちを求《もと》めるのは当然《とうぜん》といえる
そうかー

※社会《しゃかい》を築《きず》き、その中《なか》で他者《たしゃ》と助《たす》け合《あ》いながら生活《せいかつ》する動物《どうぶつ》のこと。

「10人《にん》いればひとりと友《とも》だちになれる」

多《おお》くの本《ほん》を世《よ》に送《おく》り出《だ》した福沢諭吉《ふくざわゆきち》は、著書《ちょしょ》『学問《がくもん》のすゝめ《すすめ》』の中《なか》で、次《つぎ》のように述《の》べている。

「十人《じゅうにん》と出会《であ》って、その中《なか》のひとりとたまたま友人《ゆうじん》になれるならば、二十人《にじゅうにん》と会《あ》えばふたりの友人《ゆうじん》を得《え》られるという勘定《かんじょう》になります。人《ひと》を知《し》り、人《ひと》に知《し》られるという源《みなもと》は、その辺《あた》りにあるのです」

この言葉《ことば》には、同《おな》じような人《ひと》ばかりでなく多《おお》くの人《ひと》と出会《であ》い、さまざまな考《かんが》えを持《も》つ人《ひと》と友《とも》だちになり、相手《あいて》の世界《せかい》を知《し》ること、それが自分《じぶん》の世界《せかい》を広《ひろ》げていくのだという意味《いみ》がこめられている。

福沢諭吉《ふくざわゆきち》（1835年《ねん》～1901年《ねん》）

大坂《おおさか》（現《げん》・大阪《おおさか》）生《う》まれ。豊前国《ぶぜんのくに》（今《いま》の福岡県《ふくおかけん》・大分県《おおいたけん》）中津藩士《なかつはんし》。大坂《おおさか》で蘭学《らんがく》を学《まな》び、江戸《えど》で蘭学塾《らんがくじゅく》（のちの慶應義塾《けいおうぎじゅく》）を開《ひら》いた。独学《どくがく》で英語《えいご》を勉強《べんきょう》、欧米《おうべい》を視察《しさつ》して、西洋文化《せいようぶんか》を広《ひろ》める。※明治維新《めいじいしん》の後《あと》は、教育《きょういく》と啓蒙活動《けいもうかつどう》に専念《せんねん》した。著書《ちょしょ》に『西洋事情《せいようじじょう》』や『学問《がくもん》のすゝめ《すすめ》』などがある。

※明治時代《めいじじだい》のはじめに、明治新政府《めいじしんせいふ》が徳川幕府《とくがわばくふ》をたおして、日本《にほん》を近代国家《きんだいこっか》にするため行《おこな》った改革《かいかく》のこと。

人間《にんげん》はみんな協力《きょうりょく》して社会生活《しゃかいせいかつ》を営《いとな》んでいる
大人《おとな》になると、人《ひと》づき合《あ》いは今《いま》よりも大事《だいじ》になるかもしれない
なんかめんどくさそうだな〜
ポリポリ
ま、今《いま》はその人《ひと》づき合《あ》いの練習《れんしゅう》をしているくらいの気持《きも》ちでいいよ
友《とも》だちはきみを成長《せいちょう》させてくれるはず！
なるほどね

いろいろな人《ひと》と抵抗《ていこう》なく話《はな》せる「社交力《しゃこうりょく》」を身《み》につけるんだ!!
お互《たが》いを深《ふか》くわかり合《あ》えていなくてもとりあえずよし！
アラー奥《おく》さんステキなお洋服《ようふく》着《き》てはりますやん！
奥《おく》さんこそいつもお肌《はだ》ツヤツヤでうらやましいわ〜〜
ちょっと話《はなし》ができる子《こ》がいれば、もう友《とも》だちと考《かんが》えていいと思《おも》うよ！
オバちゃん？
そのためには、まずは笑顔《えがお》の練習《れんしゅう》っ！
これ役《やく》に立《た》つの〜〜!?
ハイッ
ハイッ 1, 2, 3 !!
プルプル

できるだけ誘《さそ》いにのってみよう

じゃあ、ひとりでアニメを見《み》ているとき、友《とも》だちが遊《あそ》びに来《き》たらどうする？
ドカーン
う〜ん
友《とも》だちかアニメか…
とも…だ…アニメ!!
アニメかーい！
プチッ
!!
友《とも》だちがたくさんほしかったら
誘《さそ》いには全部《ぜんぶ》のろう！
悪《わる》い誘《さそ》いはのらなくていいけど

ピンポーン
だれか来《き》た!!
おい、ユウマ!遊《あそ》ぼうぜ!!
わっ、アサヒ…
ユウマを誘《さそ》えば必《かなら》ずオーケーだぞって思《おも》われれば、ますます誘《さそ》われるよ!
それだけで友《とも》だちは増《ふ》えていく
そうか
今《いま》行く!!
おう!
今日《きょう》、学校《がっこう》で校長先生《こうちょうせんせい》がカピバラに似《に》てるって…
確《たし》かに!!
ヒヒヒヒヒヒ
フフフ

だれだって、友《とも》だちがほしいから、誘《さそ》いには気楽《きらく》にのってみよう！

「ひとりはさびしい、友《とも》だちがほしい」。だれだって、そう思《おも》うのは当《とう》然《ぜん》だ。人間《にんげん》は、ひとりでは生《い》きていけない動物《どうぶつ》だからね。大人《おとな》になって社会《しゃかい》に出《で》ても、人《ひと》とコミュニケーションをとって仲良《なかよ》く生活《せいかつ》する能力《のうりょく》は必要《ひつよう》だよ。それに、だれもが友《とも》だちをほしいと思《おも》うのだから、あまり堅《かた》苦《くる》しく考《かんが》えなければ、友《とも》だちは自然《しぜん》とできるはずなんだ。人《ひと》からの誘《さそ》いには気軽《きがる》にのって、できるだけ多《おお》くの人《ひと》とつき合《あ》うようにしてみよう。

そうすれば、友《とも》だちの輪《わ》は自然《しぜん》と広《ひろ》がっていくものだよ。

お互《たが》いを知《し》ることからはじめよう

いくら友《とも》だちが少《すく》ないからって
宇宙《うちゅう》人《じん》と友《とも》だちにならなくっても…
こえ〜
そういうわけじゃないんだけど…
ハーイ
アサヒくんは友《とも》だちがたくさんいるよね!
ええ〜
ユウマくんに友《とも》だちづくりの
コツを教《おし》えてあげて♡
シャッ
シャッ
いやー、フツーに好《す》きなことを好《す》きなやつとしゃべってるだけだけど…
ポリポリ
それだよ!!

ケイ太《た》とはスイミングがいっしょでその話《はなし》をするし
ヨウスケとはドッジボールとかサッカーの話《はなし》が多《おお》いな
ユイは犬《いぬ》の散歩《さんぽ》のときに会《あ》うから犬《いぬ》の話《はなし》をよくするかな
ユウマとはアニメの話《はなし》をするよな
そだねー
アサヒくんは**好《す》きなもの**がたくさんあって、
それを**きっかけ**にして多《おお》くの友《とも》だちとつながってるんだ
あ、そういうことか

そういえば、
アサヒと最初《さいしょ》に
仲良《なかよ》くなったときに
アニメの話《はなし》を
したんだっけ…
あっポコチュー!!
同《おな》じ!!
好《す》きなものが
同《おな》じ人《ひと》とは
友《とも》だちに
なれるよ！
たとえば
ぼくたち!!
好《す》きな
カップ
焼《や》きそば
は…
せーの…
ユー○オー
！
宇宙人《うちゅうじん》
だけに！
ぼくたち友《とも》だち～
何《なに》、
この人《ひと》たち？
ぼくも
よく
わから
ない…

好《す》きなものマップをつくろう！

自分《じぶん》の好《す》きなものを書《か》き出《だ》してみよう。ちょっと好《す》きなだけでもかまわないよ。そして、同《おな》じものを好《す》きな人《ひと》がわかったら、どんどん書《か》きこんでいこう。

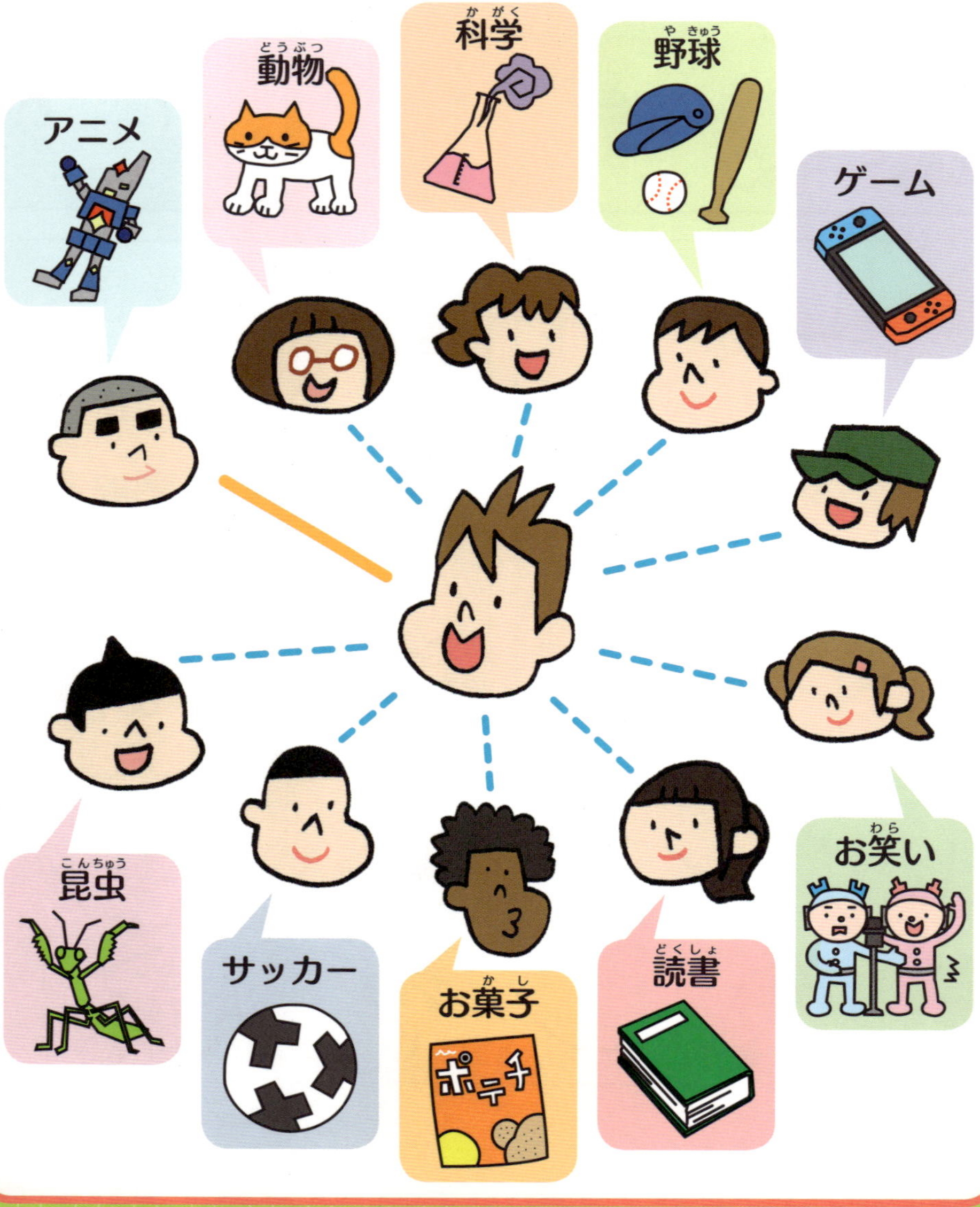

最初《さいしょ》の一歩《いっぽ》、「ゆる友《とも》」のススメ

ゆるやかな関係《かんけい》の友《とも》だちで「ゆる友《とも》」
何《なに》かをいっしょにがんばる友《とも》だちまでいかないけど
いっしょにいるだけでホッとする友《とも》だち——
今日《きょう》の給食《きゅうしょく》うまかったな！
あれな！
クラスにそんな「ゆる友《とも》」が何人《なんにん》かいるといいね！
そうだな…
いきなり親友《しんゆう》はムリでも
「ゆる友《とも》」くらいならできるかも

ユウマはちょっと人見知《ひとみし》りだから
時間《じかん》がかかるかもしれないけど
たぶん大丈夫《だいじょうぶ》だよ!
ポン

ゆる友《とも》の関係《かんけい》はこんなふうにはじまる!

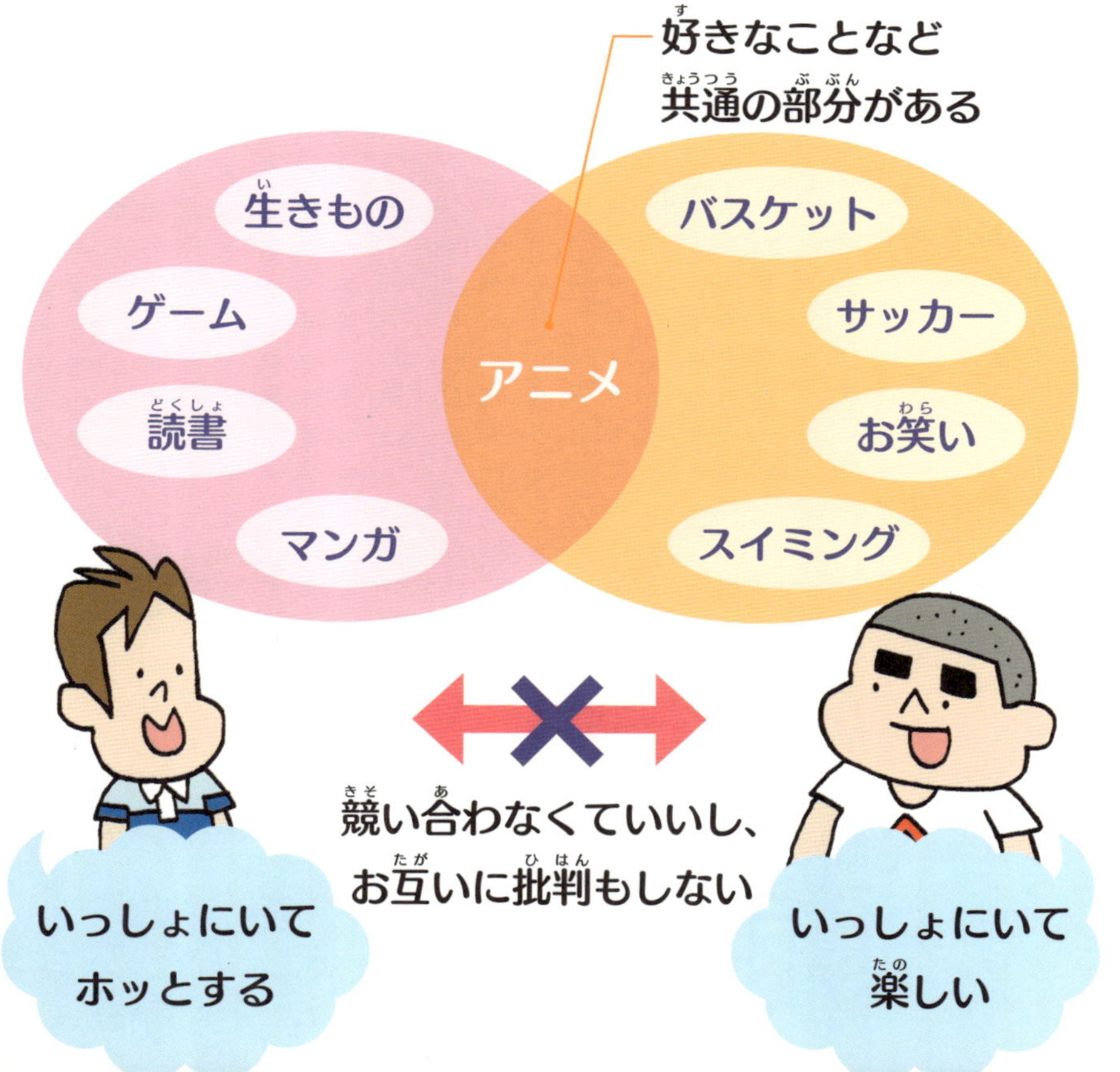
好《す》きなことなど
共通《きょうつう》の部分《ぶぶん》がある
生《い》きもの
ゲーム
読書《どくしょ》
マンガ
アニメ
バスケット
サッカー
お笑《わら》い
スイミング
競《きそ》い合《あ》わなくていいし、
お互《たが》いに批判《ひはん》もしない
いっしょにいてホッとする
いっしょにいて楽《たの》しい

そういえば
キミたちは
ゆる友《とも》なの？
ぼくらは
親友《しんゆう》
だけど
ある意味《いみ》
ゆる友《とも》でも
あるね！
ショートコント！
パンツが
ゆる友《とも》!!
チョコ
チョコ
待《ま》ってぇ〜
パンツあげるよ！
ブリブリ
ブリブリ
トイレ
うわっ
おなかが
ゆる友《とも》!!
って、
そんな
ゆる友《とも》
かよ！
ハイッ
ぼくたち
友《とも》だち〜

共通《きょうつう》の話題《わだい》で話《はなし》をしよう。まずは「ゆる友《とも》」をつくってみよう。

お互《たが》いに共通《きょうつう》した好《す》きなものがあると、仲良《なかよ》くなりやすいよ。いっしょにひとつの話題《わだい》で話《はな》せるってことは大事《だいじ》だからね。ということは、自分《じぶん》が好《す》きなことをたくさん持《も》っていれば、それだけ多《おお》くの人《ひと》と親《した》しくなれるチャンスも増《ふ》えるといえるよね。でも、最初《さいしょ》から深《ふか》くつき合《あ》えるような友《とも》だちを見《み》つけるのはむずかしいよね。まずは、いっしょにいて楽《らく》な気持《きも》ちでいられる、「ゆる友《とも》」をつくるようにしてみたらどうだろう。

そこから、大好《だいす》きになる人《ひと》があらわれるかもしれないよ。

ちがいをみとめて、手《て》をつなごう！

あっ、ユイ!!
アサヒくん!!
ユウマくん!!
ユウマのこと知《し》ってるの？
こんちは
ハァハァ
もちろん！ただ、同《おな》じクラスだけどあんまり話《はな》したことないんだよね…
ちょうどいいじゃん！ユイとゆる友《とも》になれよ！
同《おな》じ生《い》きもの好《す》きだから気《き》が合《あ》うよ！
え…

生《い》きもの好《ず》きって、どんなのが好《す》きなの？
え…とくに好《す》きなのは…アリクイ…
アリクイってお前《まえ》〜〜
しっかりしろよ〜
そんなマニアックな動物《どうぶつ》じゃなく、犬《いぬ》かネコの話《はなし》しろよ〜〜
でもアリクイなんだもん…
わたしもアリクイ好《す》きよ！
コアリクイってかわいいよね!!
立《た》って威嚇《いかく》するんだよね
アハハ
ペロペロ
ポカーン
こちらがコアリクイの威嚇《いかく》
シャー

オレは犬《いぬ》は好《す》きだけど
アリクイとかマジでムリだわ…
あんなのどこがいいんだよ！
なんでよ〜
コラー!!
ヒューッ
相手《あいて》を否定《ひてい》せず、ちがいをみとめ合《あ》ってって言《い》ったばかりだろー
ガシッ
ゴメン…
そうだった…
何《なに》、この人《ひと》たち!?
キャン
邪悪《じゃあく》なゆるキャラ!!
シャー
コアリクイの威嚇《いかく》か！
ちがーう!!
ウー

友《とも》だちは日本人《にほんじん》だけとは限《かぎ》らない!?

こえ〜〜
??
トムくん日本語《にほんご》話《はな》せるの？
うん、まぁ…
わたし、ユイ！よろしくね！
オレ、ケンタ!!
オーケー
OK！
オレ、ソウタ!!
最近《さいきん》は外国《がいこく》から来《く》るお友《とも》だちも増《ふ》えてきました
みんな仲良《なかよ》くね！
ハーイ

というわけで、まだその子《こ》とちゃんと話《はな》せてないんだよね…
日本人《にほんじん》の友《とも》だちつくるのもこれからなのに、ましてや外国人《がいこくじん》…
ハードル高《たか》くないって…
外国人《がいこくじん》だって大丈夫《だいじょうぶ》だろ…
宇宙人《うちゅうじん》の友《とも》だちだってできたんだから
確《たし》かに
呼《よ》んだかな?

年齢《ねんれい》、性別《せいべつ》、国籍《こくせき》、宗教《しゅうきょう》…それぞれみんなちがってるから
友《とも》だちをつくるには、偏見《へんけん》や差別意識《さべついしき》を持《も》たず、心《こころ》をオープンにする必要《ひつよう》があるよ

多様性《たようせい》をみとめるダイバーシティ

性別《せいべつ》、人種《じんしゅ》、国籍《こくせき》、宗教《しゅうきょう》、年齢《ねんれい》、また、性格《せいかく》、学歴《がくれき》、障害《しょうがい》、価値観《かちかん》といった、個人個人《こじんこじん》のちがいのことを「多様性《たようせい》」というんだ。

「ダイバーシティ」は、その多様性《たようせい》を受《う》け入《い》れ、人材《じんざい》を広《ひろ》く活用《かつよう》して、それぞれが持《も》っている能力《のうりょく》を発揮《はっき》させること。それによって生産性《せいさんせい》を向上《こうじょう》していこうという考《かんが》え方《かた》のことだ。

人《ひと》はそれぞれ、さまざまな環《かん》境《きょう》で生《う》まれ、育《そだ》ってきた。それが個性《こせい》というものなんだ。障害《しょうがい》だって個性《こせい》だ。その個性《こせい》があるからこそできること、そこから生《う》まれる発想《はっそう》がある。

これからの時代《じだい》は、学校《がっこう》や職場《しょくば》などでいっしょになる人《ひと》たちが、ますます多様化《たようか》していくだろう。そこで、みんながお互《たが》いをみとめ合《あ》って、いっしょに何《なに》かに取《と》り組《く》む。いろいろな人《ひと》と友《とも》だちになれたらいいよね。

A

アメリカの人種差別問題《じんしゅさべつもんだい》の歴史《れきし》

奴隷貿易《どれいぼうえき》

16～18世紀頃《せいきごろ》、スペインやポルトガル、イギリスなどのヨーロッパの国々《くにぐに》が西《にし》アフリカの人々《ひとびと》を奴隷《どれい》にして、アメリカや西《にし》インド諸島《しょとう》に売《う》り込《こ》んだ貿易《ぼうえき》のこと。人間《にんげん》をただの「労働力《ろうどうりょく》」「商品《しょうひん》」と考《かん》え、売買《ばいばい》していた。

奴隷制《どれいせい》

奴隷貿易《どれいぼうえき》によってアメリカに渡《わた》った人々《ひとびと》は、1860年《ねん》の時点《じてん》で約《やく》400万人《まんにん》といわれる。アフリカ人《じん》とその子孫《しそん》は、アメリカ合衆国《がっしゅうこく》の富《とみ》のために働《はたら》き、アメリカ人《じん》の所有物《しょゆうぶつ》としてしいたげられる「奴隷制《どれいせい》」の時代《じだい》が長《なが》く続《つづ》いた。

リンカーンの奴隷解放宣言《どれいかいほうせんげん》

第《だい》16代大統領《だいだいとうりょう》リンカーンは、南北戦争中《なんぼくせんそうちゅう》の1863年《ねん》に奴隷解放宣言《どれいかいほうせんげん》を出《だ》す。まだ南部《なんぶ》では奴隷《どれい》が当《あ》たり前《まえ》にいた時代《じだい》だ。奴隷制《どれいせい》は廃止《はいし》され、アフリカ系《けい》アメリカ人《じん》たちの権利《けんり》も約束《やくそく》されたが、差別《さべつ》はなくならなかった。

キング牧師《ぼくし》と公民権運動《こうみんけんうんどう》

キング牧師《ぼくし》は、“黒人《こくじん》”と差別《さべつ》され続《つづ》けた、アフリカ系《けい》アメリカ人《じん》の公民《こうみん》権運動《けんうんどう》の指導者《しどうしゃ》。人種差別《じんしゅさべつ》が続《つづ》く社会《しゃかい》に非暴力《ひぼうりょく》で挑《いど》み続《つづ》け、アフリカ系《けい》アメリカ人《じん》の権利拡大《けんりかくだい》に力《ちから》をつくし、1968年《ねん》にノーベル平和賞《へいわしょう》を受賞《じゅしょう》した。

まあ、オレだったらだれとだって
すぐ仲良《なかよ》くなれるよ！
ひみつ兵器《へいき》があるから!!
おお心《こころ》強《づよ》い！
おーいトムくーん!!
ハーイ!!
ユウマくん？
コレで…
ポーン
バスケットボールしようぜ!!
ぜったい得意《とくい》でしょ！
ダンダン

※将棋《しょうぎ》で使《つか》われる守《まも》りの陣形《じんけい》の1つ。王将《おうしょう》を自分《じぶん》の陣地《じんち》の隅《すみ》に囲《かこ》う戦法《せんぽう》。

性格《せいかく》や考《かんが》え方《かた》がちがっても、きっと、友《とも》だちになれるはずだ。

人《ひと》はみな、育《そだ》ってきた環境《かんきょう》がちがう。だから、性格《せいかく》も考《かんが》え方《かた》もそれぞれちがう。気《き》が合《あ》わないなと思《おも》う人《ひと》がいても当然《とうぜん》だ。だからといって毛《け》ぎらいしたり、けんかをしたりする必要《ひつよう》はない。相手《あいて》の主張《しゅちょう》を聞《き》き、ときには自分《じぶん》も主張《しゅちょう》すればいいんだ。むずかしいことだけど、失敗《しっぱい》しながらでも、練習《れんしゅう》すればいい。外国《がいこく》の人《ひと》とつき合《あ》うことも、これからますます増《ふ》えるだろう。でも、日本人《にほんじん》と何《なに》も変《か》わらない。偏見《へんけん》や差別意識《さべついしき》を持《も》たずに、ひとりの人間《にんげん》として接《せっ》すれば、きっと友《とも》だちになれるはずだ。

1コマ アドバイス その1

「友《とも》だち」は移《うつ》り変《か》わっていく…

今《いま》の友《とも》だちと、ずっと友《とも》だちでいられる？

- 仲《なか》がいいと思《おも》っていたけれど、クラス替《が》えの後《あと》、いつの間《ま》にか全然《ぜんぜん》つき合《あ》わなくなる。
- 以前《いぜん》は仲《なか》がよかったのに、3人《にん》で遊《あそ》ぶようになって2対《たい》1になると、自分《じぶん》がはじかれたような気持《きも》ちになる。

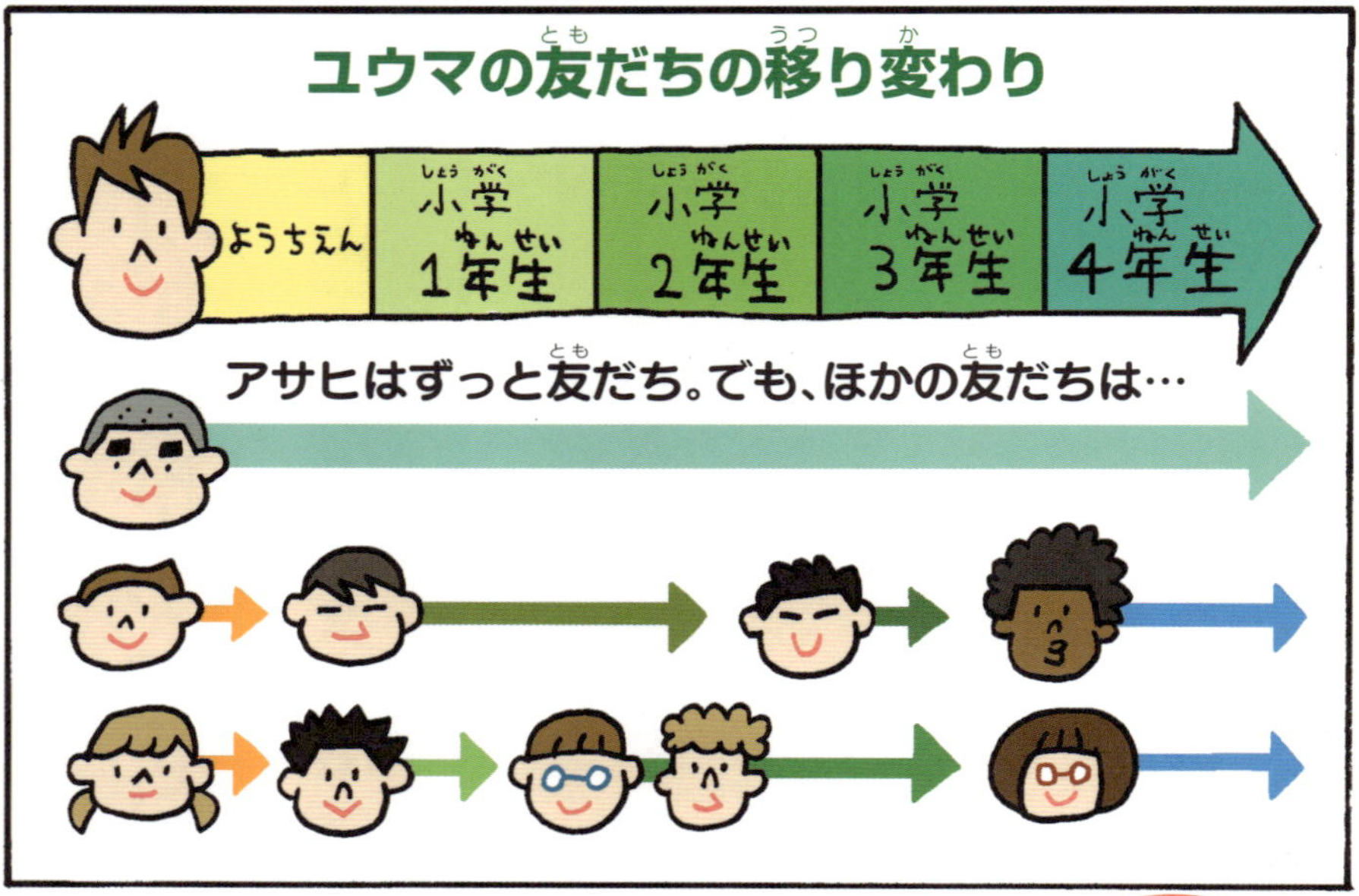
ユウマの友《とも》だちの移《うつ》り変《か》わり
ようちえん
小学《しょうがく》1年生《ねんせい》
小学《しょうがく》2年生《ねんせい》
小学《しょうがく》3年生《ねんせい》
小学《しょうがく》4年生《ねんせい》
アサヒはずっと友《とも》だち。でも、ほかの友《とも》だちは…

この先《さき》もきみたちは、多《おお》くの人《ひと》と出会《であ》うだろう。親友《しんゆう》と思《おも》える人《ひと》、もう二度《にど》とつき合《あ》いたくないと思《おも》う人《ひと》、さまざまな出会《であ》いと別《わか》れがあるよ。

今《いま》は、その練習《れんしゅう》のときだと思《おも》えばいい。人《ひと》との距離感《きょりかん》を学《まな》ぶことが大切《たいせつ》なんだよ。

第《だい》2章《しょう》

自《じ》分《ぶん》と友《とも》だちの関係《かんけい》を研究《けんきゅう》してみよう!

友《とも》だちは大切《たいせつ》、でも自分《じぶん》も大切《たいせつ》

でも最近《さいきん》は本《ほん》を読《よ》む時間《じかん》がへったなー
パラリ
ミヒャエル・エンデ
はてしない
そうなんだ
ユジーン!
走れメロス
星の王子
いつまでもこの本《ほん》を読《よ》み終《お》わらなくって…
リアルにはてしない物語《ものがたり》かい!!
ミヒャエル・エンデ
はてしない物語
はてしない物語
友《とも》だちが増《ふ》えたのはとてもいいことだけど
ひとりになる時間《じかん》もすごく大切《たいせつ》だよ!

「ひとりになる」とは
精神的《せいしんてき》にひとりで立《た》つ
ということだから、
ひとりになれる人《ひと》は
ひとりで考《かんが》えて
行動《こうどう》できる人《ひと》。
つまり自分《じぶん》を
しっかり持《も》っている人《ひと》。
そういう人《ひと》は、
いい友《とも》だちを
見分《みわ》けられる目《め》を
持《も》っているんだよ!!
そっか…

だから
これからは
友《とも》だちづき合《あ》いも
大切《たいせつ》にしつつ、
ひとりの時間《じかん》も
大切《たいせつ》にしようよ!!
そういえば
今日《きょう》はユジーンも
ひとりだね
ダッチーは
どうした？
今日《きょう》はダッチーが
ひとりになりたいと
いうので…
別《べつ》の次元《じげん》に
おります！
どこだよ！

「友《とも》だちがいないと不安《ふあん》だ症候群《しょうこうぐん》」って何《なに》？

でもさぁ…
ピピピー
ピピピ
ピピ
ピピピピー
ひとりでいると気楽《きらく》なんだけどやっぱりさびしくて少《すこ》し不安《ふあん》…
そっか
それは「友《とも》だちがいないと不安《ふあん》だ症候群《しょうこうぐん》」っていうんだよ…

ええ〜〜
なんかむずかしい名前《なまえ》の病気《びょうき》なの〜〜!?
ドキドキ
病気《びょうき》ではないけど、「気持《きも》ちのくせ」というか「よくない考《かんが》え方《かた》」といえるだろうね…
友《とも》だちがいないと不安《ふあん》だからといってなんとなくだれかといるのだと、
ひとりでじっくりものを考《かんが》えたり、趣味《しゅみ》を深《ふか》めていったりする時間《じかん》がなくなってしまうよね
ひとりでいる時間《じかん》に読《よ》んだり書《か》いたり考《かんが》えたりする
こういう時間《じかん》に人《ひと》は自分《じぶん》を磨《みが》くんだ!!

ひとりの時間《じかん》に自分自身《じぶんじしん》を磨《みが》いておけば、友《とも》だちとも磨《みが》き合《あ》えるよ！
ははあ…

ひとりの時間《じかん》を大事《だいじ》にしよう！

友《とも》だちならいつもいっしょにいてくれて当然《とうぜん》だと思《おも》っている人《ひと》、いつもだれかといっしょでないと不安《ふあん》だっていう人《ひと》。そんなきみたちは、ひとりになることがこわいという、弱《よわ》くて勇気《ゆうき》のない人間《にんげん》だと思《おも》う。

そういう人《ひと》は、ただ、つるんでいるだけの相手《あいて》を友《とも》だちだと思《おも》いたいだけじゃないのかな。ひとりになることをおそれず、むしろ、進《すす》んでひとりになってやろうっていう気持《きも》ちを持《も》ってほしい。

ひとりでいることは、決《けっ》してむだなことじゃない。かえって、いいことのほうが多《おお》いんだ。ひとりでいるときにしかできないことを思《おも》いっきり楽《たの》しもうよ。

ひとりの時間《じかん》を楽《たの》しもう
映画《えいが》やアニメを見《み》る
ストーリーマンガを読《よ》む
楽器《がっき》を演奏《えんそう》する
音楽《おんがく》を聴《き》く
本《ほん》を読《よ》む
絵《え》をかく

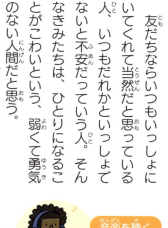

覚《おぼ》えておきたい大事《だいじ》なことば

切磋琢磨《せっさたくま》

意味《いみ》は、学問《がくもん》や人徳《じんとく》をより一層磨《いっそうみが》きあげるように努力《どりょく》をすること。また、友人《ゆうじん》どうしでさまざまな努力《どりょく》を通《とお》してお互《たが》いに高《たか》め合《あ》うこと。

中国最古《ちゅうごくさいこ》の詩集《ししゅう》『詩経《しきょう》』にある詩《し》が語源《ごげん》で、元《もと》は、骨《ほね》や象牙《ぞうげ》、玉《たま》や石《いし》を切《き》ったり磨《みが》いたりして、形《かたち》を整《ととの》えるという手間《てま》のかかる作業《さぎょう》のことを表《あらわ》す言葉《ことば》だった。

はじめは、ただの石《いし》ころにしか見《み》えなくても、丹念《たんねん》に丁寧《ていねい》に磨《みが》きあげれば、いつか、光《ひか》り輝《かがや》く宝石《ほうせき》にだってなれるんだ。そんな高《たか》い志《こころざし》を持《も》って、お互《たが》いに磨《みが》き合《あ》う姿勢《しせい》を忘《わす》れないようにしたいものだね。

いつまでも読《よ》み終《お》わらないって言《い》ってた本《ほん》だって、ちゃんと読《よ》んでいれば、ほかの人《ひと》とその話《はなし》をして理解《りかい》を深《ふか》めることができる。これがお互《たが》いに磨《みが》き合《あ》う「切磋琢磨《せっさたくま》」だね
わたしも読んだ!!
それ知ってる!!
なるほど

自分《じぶん》を磨《みが》いている人《ひと》の周《まわ》りには、将来《しょうらい》いろんな人《ひと》が集《あつ》まるよ！
その中《なか》からきっといい友《とも》だちが見《み》つかるはず！
ということで、自分磨《じぶんみが》きの時間《じかん》も大切《たいせつ》にすることにした！
そうかー
自分《じぶん》磨《みが》きか〜
オレはそんなことできるかな〜
歯《は》も磨《みが》いてないのに…
磨《みが》けよ!!

齋藤先生《さいとうせんせい》からのメッセージ

自分《じぶん》ひとりの時間《じかん》を大切《たいせつ》に。自分《じぶん》の個性《こせい》を磨《みが》いて成長《せいちょう》しよう。

ゆる友《とも》がたくさんいる人《ひと》に、ぜひ言《い》っておきたい。友《とも》だちとの時間《じかん》も大切《たいせつ》だけど、自分《じぶん》の時間《じかん》も大切《たいせつ》にしよう。周《まわ》りに友《とも》だちがいないからといって、不安《ふあん》になる必要《ひつよう》も、さびしさを感《かん》じる必要《ひつよう》もない。友《とも》だちがいないとひとりで判断《はんだん》できない、ひとりで行動《こうどう》できないほうが問題《もんだい》なんだ。ひとりで本《ほん》を読《よ》んだり絵《え》をかいたりしているときに、きみという人間《にんげん》の個性《こせい》はつくられ、成長《せいちょう》していく。成長《せいちょう》する中《なか》で、自分《じぶん》と人《ひと》とのちがいも見《み》えてきて、親友《しんゆう》となる友人《ゆうじん》を見《み》つける目《め》も養《やしな》われるはずだよ。

学校《がっこう》は人間関係《にんげんかんけい》の練習場《れんしゅうじょう》なんだ！

そういう イヤなことを 言《い》ったりやったり する子《こ》って いるよね
いいことと 悪《わる》いことの 区別《くべつ》が つかなかったり
ウン
小学生《しょうがくせい》は、まだ心《こころ》が 未熟《みじゅく》だから野生動物《やせいどうぶつ》 みたいなもの
いじわる!!
ガオ〜
ガオ〜
いじめ!!
かげ口《ぐち》!!
ヒソ
ヒソ
ヒソ
シカト!!
うわーっ
だから、小学校《しょうがっこう》は 野生《やせい》の王国《おうこく》みたいな ものだね

いろんな友《とも》だちと
つき合《あ》って、いろんな
思《おも》いをするのが
小学校《しょうがっこう》
ハハハ
グガー
チョン
チョン

小学校《しょうがっこう》で学《まな》ぶのは勉強《べんきょう》だけじゃないよ
人《ひと》づき合《あ》いの勉強《べんきょう》もしているんだよ!!

いっしょにいたくない子《こ》とは、離《はな》れればいいし
またそのうち仲良《なかよ》くなったらつき合《あ》えばいいし
ちょうどいい距離感《きょりかん》をつかめるといいね
そっか…
でもいじわるするやつとか、やっつけられたらいいのに
UMA《ユーマ》で!!
キャイーン
ドスドスドスドス
ガン
ビッグフット
キャン
ヒエー
どんな野生《やせい》の王国《おうこく》だよ！

友《とも》だちと仲《なか》良《よ》くするのはむずかしい!?

アルフレッド・アドラー

（1870年《ねん》〜1937年《ねん》）

オーストリア生《う》まれ。精神科《せいしんか》医《い》、心理学者《しんりがくしゃ》。弟《おとうと》が生後《せいご》1年《ねん》で亡《な》くなり、自分《じぶん》も肺炎《はいえん》で死《し》にかけたことから医師《いし》を志《こころざ》す。人間《にんげん》のなやみはすべて対人関係《たいじんかんけい》にあって、「人《ひと》は自分《じぶん》に価値《かち》があると思《おも》うときだけ、他人《たにん》と関《かか》わろうとする」とする、「アドラー心理学《しんりがく》」を唱《とな》えた。ユング、フロイトとともに、心理学《しんりがく》の三大《さんだい》巨頭《きょとう》とされている。

10人中《にんちゅう》ふたりって何《なに》が？
ユイ!!
友《とも》だち関係《かんけい》の話《はなし》だよ
そっか…
じゃあ10人中《にんちゅう》7人《にん》は、お互《たが》いの気持《きも》ち次第《しだい》で仲《なか》のいい友《とも》だちにもなれるってことね
ぼくは10人中《にんちゅう》ひとりくらいで精《せい》いっぱいだなー
あきらめんなよ！
そうはいっても、小学生《しょうがくせい》にはうまくいっているかどうか、本人《ほんにん》たちにもはっきりわからない
だからあまり深《ふか》くとらえなくてもいいかもね

ただ、それほど人間関係《にんげんかんけい》はむずかしいってこと！
アドラーは人生《じんせい》のあらゆる問題《もんだい》は「対人関係《たいじんかんけい》の問題《もんだい》である」とまで言《い》っているよ！
へ――っ
そんなに！
大人《おとな》にはこの3つの課題《かだい》があって
愛《あい》の課題《かだい》
仕事《しごと》の課題《かだい》
交友《こうゆう》の課題《かだい》
仕事《しごと》→交友《こうゆう》→愛《あい》の順《じゅん》に、むずかしくなるんだけど、
交友《こうゆう》の課題《かだい》もかなりやっかいなんだって…
ズッシリ
つまり人間《にんげん》関係《かんけい》だね！

人生《じんせい》の3つの課題《かだい》 仕事《しごと》、交友《こうゆう》、愛《あい》

「アドラー心理学《しんりがく》」によると、人生《じんせい》で成《な》しとげるべき課題《かだい》は、「仕事《しごと》、交友《こうゆう》、愛《あい》」の3つ。

「仕事《しごと》」に必要《ひつよう》なのは、協力《きょうりょく》だ。ひとりでは弱《よわ》い存在《そんざい》でも、他者《たしゃ》との協力《きょうりょく》によって社会《しゃかい》の発展《はってん》につながることができる。

「交友《こうゆう》」とは、他者《たしゃ》との関係《かんけい》を保《たも》つこと。そして、他者《たしゃ》との関《かか》わりの中《なか》で、自分《じぶん》の居場所《いばしょ》を見《み》つけるという課題《かだい》だ。

「愛《あい》」で大切《たいせつ》なのは、ふたりで対等《たいとう》な関係《かんけい》をきずくこと。3つの中《なか》でも、もっとも幸福《こうふく》に関《かか》わる課題《かだい》とされている。

どの課題《かだい》も「だれかのために」と考《かんが》えながら行動《こうどう》することが大《だい》事《じ》で、それこそが「人生《じんせい》の意味《いみ》だ」とアドラーは言《い》っている。

仕事《しごと》の人間関係《にんげんかんけい》がうまくいき、交友関係《こうゆうかんけい》に恵《めぐ》まれ、愛情《あいじょう》にも満《み》たされている。この3つのバランスがいいときに、人《ひと》の幸福度《こうふくど》は高《たか》まるのだ。

仲良《なかよ》くできない人《ひと》とは距離《きょり》のとり方《かた》を練習《れんしゅう》し、それ以外《いがい》の人《ひと》とは人《ひと》づき合《あ》いの練習《れんしゅう》をする——
そうすれば、大人《おとな》になったとき10人中《にんちゅう》9人《にん》といい人間関係《にんげんかんけい》を築《きず》けるようになるかもしれない!
人間《にんげん》はひとりでは生《い》きられないから、自分以外《じぶんいがい》の人《ひと》とうまく結《むす》びつくことが大事《だいじ》なんだよ!

これから先《さき》も、イヤな子《こ》とか気《き》の合《あ》わない子《こ》があらわれるだろうけど、気《き》にしない！だって、ぼくには居場所《いばしょ》があるから！
ユウマ、何《なに》ニコニコしてんの？
対人関係《たいじんかんけい》について考《かんが》えていたんだよ
タイジンカンケイ…
ぼくにはタイ人《じん》の友《とも》だちはいないなー
タイ人《じん》じゃなく対人関係《たいじんかんけい》だよ！
なーんだそっか…
アハハハ
アハハハ

人《ひと》と人《ひと》との関係《かんけい》はむずかしい。なやまずに、今《いま》、きたえておこう！

きみは、だれとでも仲良《なかよ》くできているかな？「はい」と答《こた》えられた人《ひと》は、少《すく》ないんじゃないかな。マンガにも出《で》てきた、心理学者《しんりがくしゃ》のアドラーも、「人生《じんせい》のあらゆる問題《もんだい》は対人関係《たいじんかんけい》の問題《もんだい》である」と言《い》っていたよね。小学生《しょうがくせい》くらいの年齢《ねんれい》だと、まだまだ精神的《せいしんてき》に未熟《みじゅく》なところが多《おお》いから、わがままを言《い》ってしまったり、誤解《ごかい》をしたりして、人間関係《にんげんかんけい》のトラブルが起《お》こりやすいんだ。だから、うまくいかないことがあっても、あまりなやまず、「人間関係《にんげんかんけい》の練習《れんしゅう》だ」くらいの気持《きも》ちでのりこえていこう。

ネットで知《し》り合《あ》った人《ひと》は友《とも》だちなの？

ぼくなんか友《とも》だちが3人《にん》しかいないのに…
いいな〜
フフフ
3人《にん》もいれば十分《じゅうぶん》よ！
SNS《エスエヌエス》の「友《とも》だち」はどこのだれかもわからない人《ひと》もいるの。だから、本当《ほんとう》の友《とも》だちとはいえないのよ
SNS《エスエヌエス》というのはインターネットを使《つか》った交流《こうりゅう》サービスのこと。大人《おとな》にとってはとても便利《べんり》なものなのよね…
instagram
いいね 1325件
パンケーキです
こうやって、ネットのお友《とも》だちがつくったお菓子《かし》の写真《しゃしん》を見《み》て、参考《さんこう》にできたりとか…

facebook
instagram
LINE
twitter
ただ、小学生《しょうがくせい》のうちはいろんな危険《きけん》があるからSNS《エスエヌエス》は使《つか》わないほうがいいわね
顔《かお》が見《み》えないだけにネットには悪《わる》い人《ひと》もいるからね
でもおもしろそうだから
ぼくもやってみたいな〜
instagram
アサヒのヘン顔《がお》の写真《しゃしん》とか、おもしろいから「いいね！」がいっぱいつくかも！
つかないよ！

小学生《しょうがくせい》はネットで友《とも》だちをつくらなくても
学校《がっこう》に行《い》けば本物《ほんもの》の友《とも》だちがいるんだから
そういうお友《とも》だちに「いいね！」って言《い》われるようにしたらいいんじゃない？
そっか…
そうだね!!
じゃあSNS《エスエヌエス》は使《つか》わなくていいね!!
なんかうまいこと言ったわね

友《とも》だちだから安心《あんしん》だよね？

ぼくが送《おく》ったのにアサヒは読《よ》んでないなーどうしたんだろう…
イライラ
なかなか返事《へんじ》こないけど悪《わる》いこと書《か》いちゃったかなあ?
モヤモヤ
ぼくの知《し》らない話《はなし》をしてる!
もしかしたら仲間《なかま》はずれにされてるのかも…
どんより
ずっとやってたらいつの間《ま》にかこんな時間《じかん》!!
ハッ
こんな感《かん》じでストレスがたまることもあるかも
なるほどー

お母《かあ》さんも ついつい 気《き》になって、いつもスマホを 見《み》ちゃったり
なかなか 終《お》わらせられ なかったり…
くパパ
今《いま》もお父《とう》さんから LINE《ライン》の返信《へんしん》がなくて…
くパパ
今日の晩ごはん何??
17:15
グリーンピースごはん だよーん
既読 17:40
ちょっと イラつい てるしね
グリーンピース ご飯《はん》 キライなのかしら?!
こわっ
ユウマも 今《いま》はそんなことに 時間《じかん》を使《つか》うより、ひとりで 本《ほん》を読《よ》んだり 日記《にっき》を書《か》いたり するほうがいいと 思《おも》うよ
ユジーンも そう言《い》ってた …

インターネットやSNS《エスエヌエス》の注意点《ちゅういてん》

今《いま》、仕事《しごと》や学習以外《がくしゅういがい》でも、インターネットは不可欠《ふかけつ》となっているんだ。なかでも、SNS《エスエヌエス》（ソーシャル・ネットワーキング・サービス）は、面識《めんしき》のない人《ひと》とも交流《こうりゅう》できるため、利用《りよう》する人《ひと》が増《ふ》えているよ。でも、SNS《エスエヌエス》には注意《ちゅうい》すべきことがたくさんあるんだ。

SNS《エスエヌエス》で体調不良《たいちょうふりょう》に…

SNS《エスエヌエス》にはまると、人《ひと》の書《か》きこみや反応《はんのう》が気《き》になって、遅《おそ》くまで起《お》きてしまい、睡眠不足《すいみんぶそく》になる。また、すぐに返事《へんじ》をすることが義務《ぎむ》になり、心《こころ》の負担《ふたん》が増《ふ》えて、体調不良《たいちょうふりょう》になることがある。

SNS《エスエヌエス》で起《お》きる“いじめ”

SNS《エスエヌエス》のグループ内《ない》の何気《なにげ》ない書《か》きこみをきっかけに、大勢《おおぜい》でひとりをからかったり、笑《わら》ったりするようになり、次第《しだい》に、陰湿《いんしつ》ないじめへと発展《はってん》していく。

誤《あやま》った情報《じょうほう》をうのみにする

ネット上《じょう》の情報《じょうほう》やSNS《エスエヌエス》で交換《こうかん》される情報《じょうほう》をうのみにして、きみ自身《じしん》が誤《あやま》った書《か》きこみをすることで、知《し》らぬ間《ま》に無関係《むかんけい》な人《ひと》の信用《しんよう》を傷《きず》つけることがある。そして、ネット上《じょう》に一度《いちど》流《なが》れた情報《じょうほう》は決《けっ》して消《き》えないんだ。

犯罪《はんざい》に関《かか》わる危険《きけん》

SNS《エスエヌエス》で個人情報《こじんじょうほう》がネット上《じょう》に広《ひろ》がると、もう消《け》すことはできない。その個人情報《こじんじょうほう》が見《み》ず知《し》らずの人《ひと》に利用《りよう》され、犯罪《はんざい》に関《かか》わることがあるんだ。もちろん、きみ自身《じしん》が被害者《ひがいしゃ》にも加害者《かがいしゃ》にもなりうる。子《こ》どもだからといって許《ゆる》されない場合《ばあい》だってある。くれぐれも注意《ちゅうい》しよう。

ただいまー
ちょっと忙《いそが》しくて返信《へんしん》できなかっただけだよ
アハハ
グリーンピースご飯《はん》好《す》きだし
そうだったの
やっぱり直接会《ちょくせつあ》っておしゃべりするほうが楽《たの》しいし、誤解《ごかい》もないと思《おも》うよ！
わかった!!
ぼくらにはまだラインはイランかな？
ハハハ
アハハ

齋藤先生《さいとうせんせい》からのメッセージ

今《いま》は、SNS《エスエヌエス》なんて必要《ひつよう》ない。家《いえ》にいるときは、ひとりになろう。

SNS《エスエヌエス》って知《し》っているかな。今《いま》のきみたちの年齢《ねんれい》で、これを利用《りよう》することに、ぼくは反対《はんたい》なんだ。その理由《りゆう》は、小学生《しょうがくせい》にとっていいことがひとつも見《み》つけられないから。どこのだれとつながるかわからず危険《きけん》だし、SNS《エスエヌエス》で情報交換《じょうほうこうかん》している人《ひと》を、それだけで友《とも》だちとは決《けっ》していえないからね。いつも学校《がっこう》で顔《かお》を合《あ》わせている友《とも》だちとのやりとりでも、賛成《さんせい》はしない。SNS《エスエヌエス》に時間《じかん》をうばわれるより、家《いえ》にいるときくらいひとりになろう。そして、自分《じぶん》を高《たか》めるための読書《どくしょ》や趣味《しゅみ》に時間《じかん》を使《つか》おうよ。

1コマ アドバイス その2

「水陸両用車《すいりくりょうようしゃ》」になろう！

マイペースでいたい自分《じぶん》と、友《とも》だちを思《おも》う気持《きも》ちのせめぎ合《あ》いを、どうしたらいいんだろう？

マイペースを貫《つらぬ》く

↕

友《とも》だちを気《き》づかう

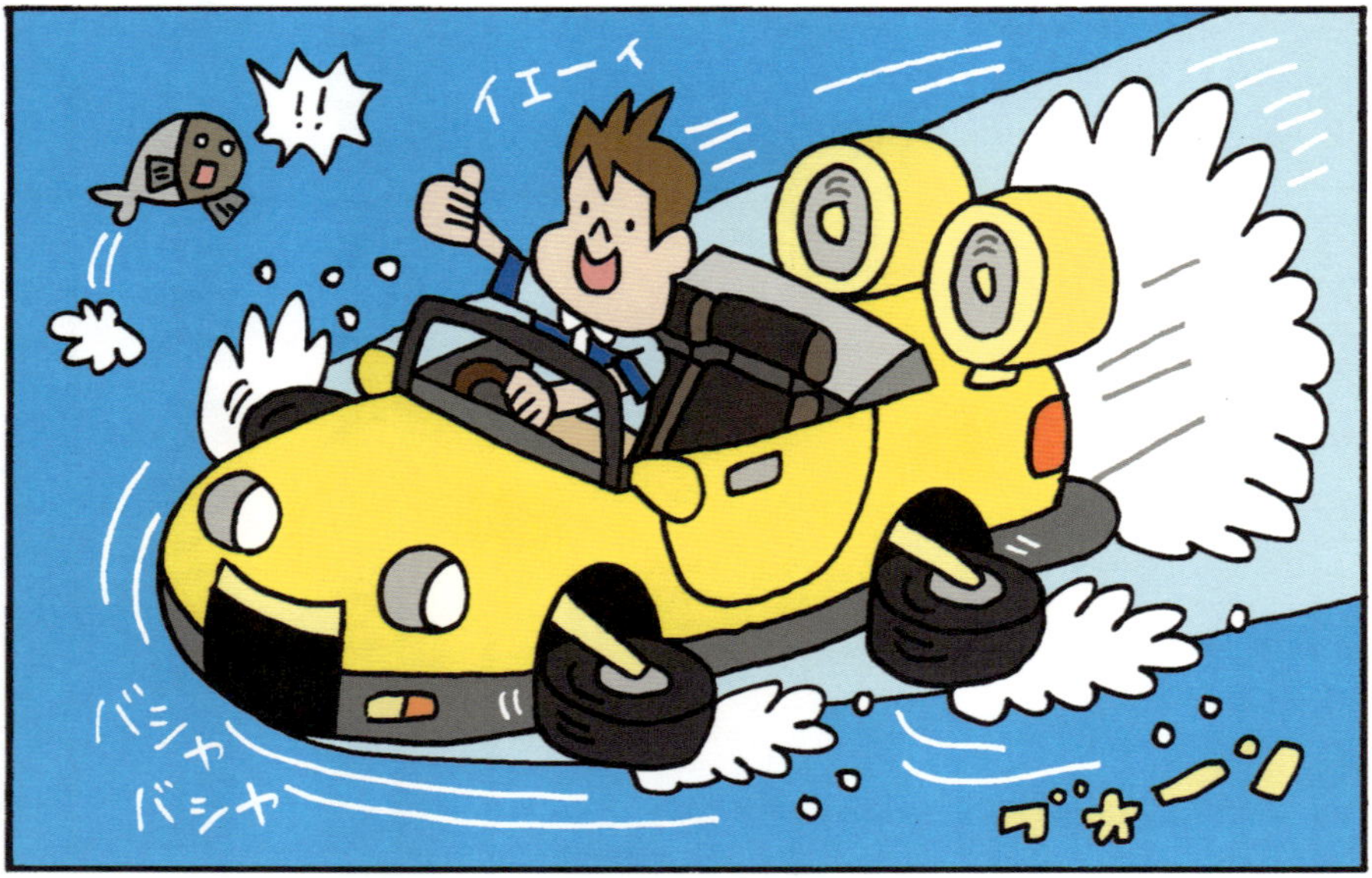

友《とも》だちに合《あ》わせて、いっしょに楽《たの》しい時間《じかん》を過《す》ごせるし、ひとりでも行動《こうどう》できる。両方《りょうほう》を上手《じょうず》に使《つか》い分《わ》けられる、そんな人《ひと》になれたらいいね。

たとえば、お昼《ひる》ごはんを食《た》べるとき、ひとりになりたければ、そうすればいい。いつも、友《とも》だちといっしょである必要《ひつよう》はないんだ。

第《だい》3章《しょう》

友《とも》だちに気《き》持《も》ちを伝《つた》えよう！

けんかをしてしまったらどうする？

ろうかがよごれちゃったじゃん…
ソーリー…
ろうかのそうじはウチのクラスが当番《とうばん》なんだぞ!!
プンプン
おいユイ!!
これは学級委員《がっきゅういいん》のユイの責任《せきにん》だろ!!
なんでわたしなのよ!? みんなでフォローしていくべきでしょ!!
トムはまだ日本《にほん》のルールになれてないから、ユイがめんどうみないとダメだろ!!
おまえがそうじしろ!!
そうじするのがイヤなだけでしょ!!
わかってるけど…なんでわたしひとりがそうじするのよ！

ウ〜〜〜
怒《おこ》らないで!!
ぼくのぶどうパンのレーズンを全部《ぜんぶ》あげるから!!
ハイ
いらないよ!!
もう二度《にど》と口《くち》きかないっ!!
プンッ
オレはろうかのそうじしないからな!!
べー
オーイ…
あ〜ぼくとトムのせいでふたりがけんかしちゃった
どうすればいいんだろう…

どうってことないと思《おも》うよ！
ユジーンとダッチ～いつのまに
そうかな…もう口《くち》きかないとか言《い》ってたけど…
人《ひと》はそれぞれ考《かんが》え方《かた》がちがうからぶつかって当《あ》たり前《まえ》
主張《しゅちょう》し合《あ》ったっていいんだよ！
本当《ほんとう》の友《とも》だちならそれくらいで仲《なか》が悪《わる》くなったりしないよ
それで終《お》わるようならもともと長続《ながつづ》きする関係《かんけい》じゃなかったんだよ！
そっか

ズリッ
あれ?
ユウマ、その足《あし》どうした?
昨日《きのう》、ねんざしたんだよ…
ズリッ
だから今日《きょう》、給食運《きゅうしょくはこ》ぶときおそかったのか…
おそいぞ
ゴメン
ユウマごめんな!
いいよいいよ
おわびにこれやるよ!
ゴソゴソ
またぶどうパンのレーズンかーい!!
ハイ
っていうかずっと持《も》ってたのかよ!?!?

ユウマは給食《きゅうしょく》を運《はこ》ぶとき「足《あし》が痛《いた》いからゆっくり歩《ある》いて」って言《い》えばよかったんだよ!!
そうか…そうだね
ユウマ水《みず》くさい!
主張《しゅちょう》するときは主張《しゅちょう》していいんだよ!!
それが友《とも》だち
これからは思《おも》ったことを言《い》ってくれていいよ!
わかったそうするよ!!
キッパリ
レーズンはいりません!
やっぱり〜

なかなか仲直《なかなお》りができない！

助《たす》けて
ユジーン&《アンド》
ダッチー!!
シャキーーンッ
「仲《なか》」の
ポーズ!!
ふたりは
もともと
仲《なか》のいい
友《とも》だちだから
心《こころ》の中《なか》では
仲直《なかなお》り
したいと
思《おも》ってるハズ!!
ドキ
ドキ
こんなこと
続《つづ》けていても
お互《たが》いに
疲《つか》れるだけ!!
周《まわ》りの人《ひと》も
ぎこちない
関係《かんけい》になって
いいことは
まったくない!!

けんかは どちらか 一方《いっぽう》が悪《わる》いって ことはないよ
必《かなら》ず どちらにも あやまるべき ことが あるはず!!
バッタン
ギッコン
仲直《なかなお》りするには 自分《じぶん》の気持《きも》ちを 正直《しょうじき》に伝《つた》えて あやまる!!
それしかない!!
あやまるのは …ヤダ…
わたしも…

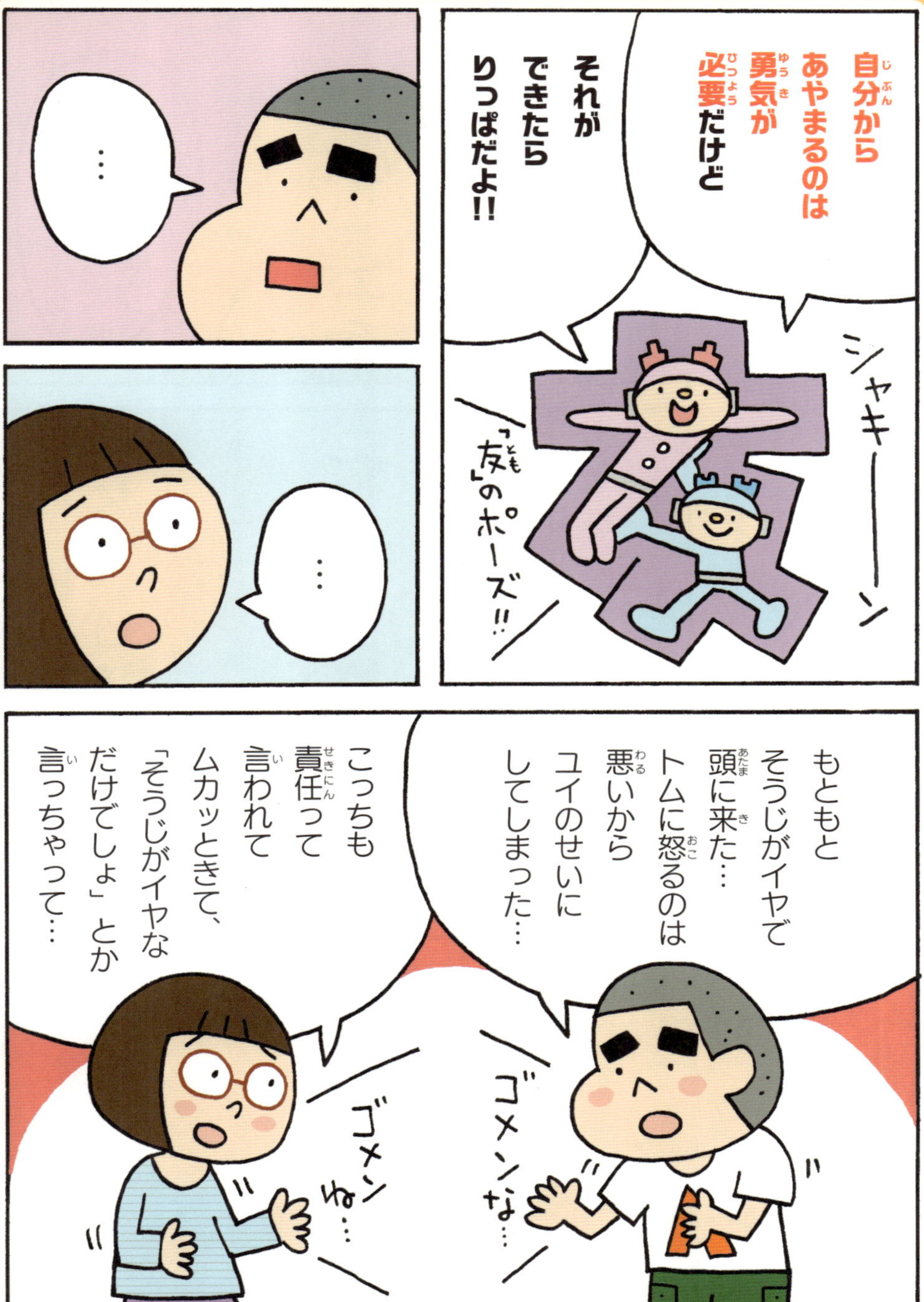
自分《じぶん》から あやまるのは 勇気《ゆうき》が 必要《ひつよう》だけど
それが できたら りっぱだよ!!

シャキーーン
「友《とも》」のポーズ!!

…

…

もともと そうじがイヤで 頭《あたま》に来《き》た… トムに怒《おこ》るのは 悪《わる》いから ユイのせいに してしまった…

こっちも 責任《せきにん》って 言《い》われて ムカッときて、「そうじがイヤな だけでしょ」とか 言《い》っちゃって…

ゴメンな…

ゴメンね…

なんかスッキリした
わたしも…
これでもとの友《とも》だち!!
よかったね!
ふたりの漢字《かんじ》ポーズのパワーで仲直《なかなお》りできたよ
ま、あのポーズにとくに意味《いみ》はなくて――
絵《え》に変化《へんか》きつけたかっただけだよ!!
「幸《しあわ》せ」のポーズ!!
意味《いみ》ないんかーーい

ぶつかり合《あ》ったっていい。でも、仲直《なかなお》りは早《はや》いほうがいい。

きみは友《とも》だちとけんかしたことはある？　もちろん、暴力《ぼうりょく》はいけないけど、思《おも》っていることを言《い》うのは決《けっ》して悪《わる》いことではないんだ。性格《せいかく》も考《かんが》え方《かた》も、人《ひと》はそれぞれちがうので、対立《たいりつ》があってなんの不思議《ふしぎ》もない。むしろ、相手《あいて》に言《い》いたいことも言《い》わず、もやもやした気持《きも》ちでいるほうが、お互《たが》いのためにならないと思《おも》う。ただし、けんかの仲直《なかなお》りは早《はや》ければ早《はや》いほどいい。自分《じぶん》の反省点《はんせいてん》を正直《しょうじき》に相手《あいて》に伝《つた》え、さっさとあやまってしまおう。そうすれば、もっともっと仲良《なかよ》くなれるはずだ。

仲《なか》のいい友《とも》だちと離《はな》れてしまった！

遠足《えんそく》――
ワハハ
5人《にん》の班行動《はんこうどう》だけど、あんまり仲《なか》のいい子《こ》がいない…トムと同《おな》じ班《はん》がよかったなあ
大丈夫《だいじょうぶ》!?
ガサッ
わっ

ぼくらも遠足《えんそく》に来《き》たくてついてきたよ！
ヒラリ
ピーピーラムネ
ピピピィ
ピーピーラムネ
ほかの子《こ》に見《み》つかったらヤバイって!!
しずかに!!
キョロ
キョロ
最近《さいきん》、いつもトムといっしょにいたから、いないとなんか不安《ふあん》になっちゃって…
ピー
フエであいづちやめて!!
また「友《とも》だちがいないと不安《ふあん》だ症候群《しょうこうぐん》」(54ページ)になっちゃってるんだよ
仲良《なかよ》しでいることはいいことなんだけど
いっしょにいないと落《お》ち着《つ》かないっていうのはよくないね…
ピー

仲良《なかよ》しふたりでいるときも、別《べつ》のふたりが来《き》たら新《あたら》しいふたり組《ぐみ》をつくれるかな？
だれとでもあっさりグループをつくれる人《ひと》はひとりにもなれるし、不安《ふあん》にもならないいんだよ
だからトムと仲良《なかよ》くするだけじゃなく、ほかの子《こ》ともつき合《あ》ってみよう
ウン

ゲーム「3人組《にんぐみ》をつくれるか？」

「3人《にん》ひと組《くみ》になる」というゲームをしてみよう。単純《たんじゅん》なゲームなのに、仲《なか》のいい友《とも》だちふたりがいっしょに動《うご》くため、いつまでたっても3人《にん》になれない。ふたり組《ぐみ》がいくつかできて固《かた》まっちゃった、なんてことになってはいないかな。きみは仲良《なかよ》しの友《とも》だちと離《はな》れて、ちがうふたり組《ぐみ》とくっついたり、新《あたら》しい子《こ》を受《う》け入《い》れたりできるかい？

さあ、想像《そうぞう》してみて。きみは、“ひとり”になれるかな？

覚《おぼ》えておきたい大事《だいじ》な格言《かくげん》

君子《くんし》の交《まじ》わりは淡《あわ》きこと水《みず》の如《ごと》し

この言葉《ことば》は、中国《ちゅうごく》の思想《しそう》家《か》・荘子《そうし》が書《か》いた、道教《どうきょう》の文献《ぶんけん》のひとつ、『荘子《そうじ》』に記《しる》されている格言《かくげん》だ。頭《あたま》が良《よ》く、道徳《どうとく》が身《み》についている立派《りっぱ》な人物《じんぶつ》のことを、「君子《くんし》」と呼《よ》ぶ。君子《くんし》の人《ひと》づき合《あ》いは、水《みず》のようにあっさりしているが、そのほどよい距離感《きょりかん》のおかげで、いつまでも変《か》わらない友情《ゆうじょう》が続《つづ》くという意味《いみ》。逆《ぎゃく》に、あまりべったりしすぎるのは良《よ》くないものだ、と説《と》いている。

荘子《そうし》

（紀元前《きげんぜん》369年頃《ねんごろ》～紀元前《きげんぜん》286年頃《ねんごろ》）

昔《むかし》の中国《ちゅうごく》（紀元前《きげんぜん》の春秋時《しゅんじゅうじ》代《だい》の宋《そう》）の生《う》まれ。思想家《しそうか》。荘周《そうしゅう》とも言《い》われる。荘子《そうし》は「個々《ここ》の物《もの》の価値《かち》やちがいは見《み》かけにすぎず、もともと平等《びょうどう》なものだ。何《なに》にもしばられず自然《しぜん》に、あるがままに生《い》きることが良《よ》い」という、道教《どうきょう》の思想《しそう》を発展《はってん》させた人物《じんぶつ》だ。著書《ちょしょ》に『荘子《そうじ》』がある。

ほら、お弁当《べんとう》の時間《じかん》だ!! 行《い》ってきな!!
ピーピーラムネ
ピンッ
スポッ
おーい、ユウマ！いっしょに弁当《べんとう》食《た》べようぜ
ピーーピョ
(いいよ)
アハハ
ピー
アハハ
フフフ
ハハハ

化学反応《かがくはんのう》みたいな出会《であ》いをすると…

友《とも》だちどうしだって
そんな「化学反応《かがくはんのう》」が起《お》こるんだよ!!
えっ!? どういうこと!?
クルッ
シュタッ
たとえばきみたちの関係《かんけい》!!
それぞれ、ちがう環境《かんきょう》で育《そだ》った性格《せいかく》もちがう人《ひと》どうしが出会《であ》って―
のんびり おとなしい ものしり
せっかち やんちゃ 運動《うんどう》が得意《とくい》
マイペース 明《あか》るい 歌《うた》がうまい
お互《たが》いに影響《えいきょう》し合《あ》って変化《へんか》したり新《あたら》しいものを生《う》み出《だ》したりする―
それが「友《とも》だちの化学反応《かがくはんのう》」!!

「化学反応《かがくはんのう》」と人《ひと》の出会《であ》い

物質《ぶっしつ》と物質《ぶっしつ》とが混《ま》ざり、お互《たが》いに影響《えいきょう》し合《あ》い、まったく別《べつ》の性質《せいしつ》を持《も》ったものを新《あら》たにつくり出《だ》すことを、理科《りか》では「化学反応《かがくはんのう》」というよ。また、複数《ふくすう》のものが組《く》み合《あ》わさって、予想《よそう》もしなかった効果《こうか》が生《しょう》じることにも使《つか》うんだ。

でも、これは物質《ぶっしつ》だけでなく、人《ひと》と人《ひと》との関係《かんけい》にもいえることだ。生《う》まれ育《そだ》った環境《かんきょう》がちがう者《もの》どうしが、お互《たが》いに本気《ほんき》でぶつかり合《あ》う。そこには、きっと新《あたら》しい何《なに》かが生《う》まれるはずだ。だから、出会《であ》いをおそれるのではなく、大切《たいせつ》にしていこうよ。

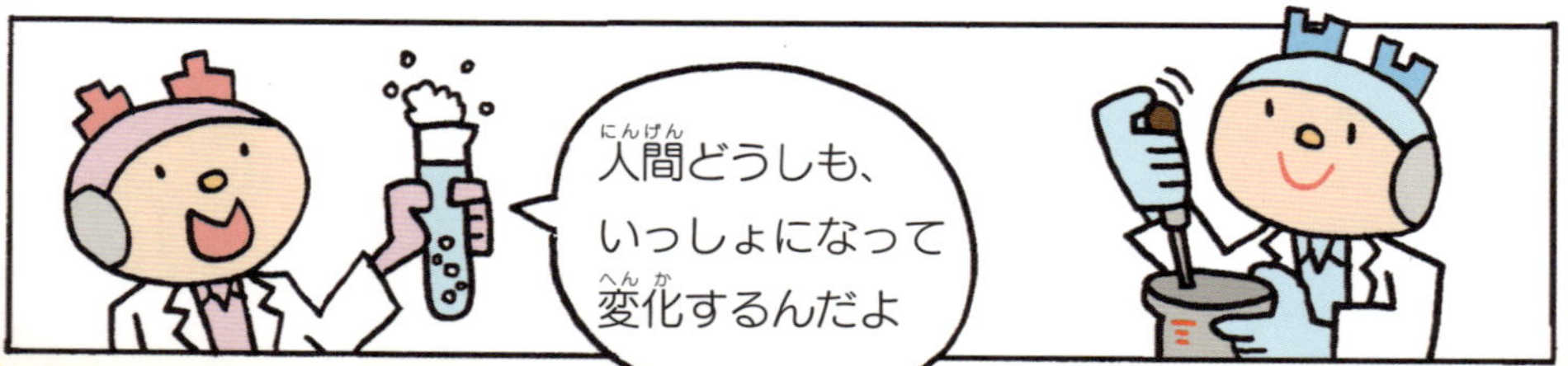

友《とも》だちと付《つ》き合《あ》うには、
相手《あいて》に合《あ》わせて
がまんしたり
相手《あいて》を受《う》け入《い》れたり
することも必要《ひつよう》だけど、
中当《なかあ》てやろうぜ!!
うーん…
そんなに得意《とくい》じゃないけど
やってみる!
ときには
主張《しゅちょう》すべきところは
主張《しゅちょう》して、
受《う》け入《い》れるべきところは
受《う》け入《い》れる
今日《きょう》は
家《いえ》に帰《かえ》って詰《つ》め将棋《しょうぎ》
やるからゴメン
わかった～
オレも
将棋《しょうぎ》
おぼえよう
かな…
それをいろいろな友《とも》だちと
続《つづ》けると、視野《しや》が広《ひろ》がって
新《あたら》しい世界《せかい》も
見《み》えてくるというわけ

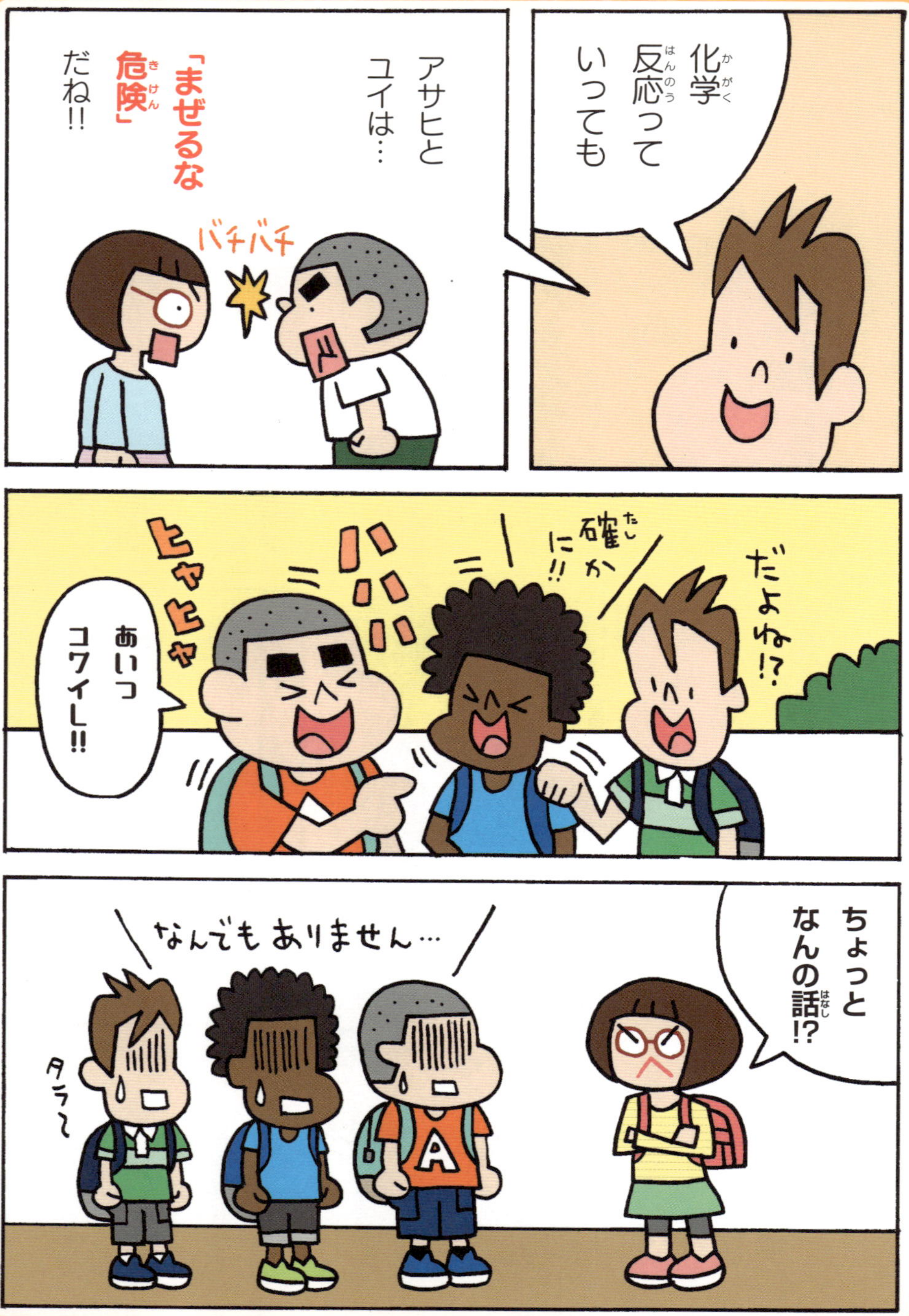
化学《かがく》反応《はんのう》っていっても
アサヒとユイは…「まぜるな危険《きけん》」だね!!
バチバチ
だよね!?
確《たし》かに!!
ハハハ
ヒャヒャヒャ
あいつコワイし!!
ちょっとなんの話《はなし》!?
なんでもありません…
タラ〜

仲良《なかよ》しの友情《ゆうじょう》には自信《じしん》を持《も》って、いろいろな人《ひと》とつき合《あ》ってみよう。

仲良《なかよ》しの友《とも》だちとずっといっしょにいると、なかなか離《はな》れられないものだよね。でも、離《はな》れているのがさびしいと思《おも》う気持《きも》ちは、なるべくおさえるようにしよう。「離《はな》れていても友《とも》だちだ」という意識《いしき》をお互《たが》いが強《つよ》め、友情《ゆうじょう》に自信《じしん》を持《も》とうよ。そのほうが、深《ふか》くて長《なが》いつき合《あ》いができるんじゃないかな。それに、いろいろな人《ひと》とつき合《あ》うほうが自分《じぶん》のためになるよ。自分《じぶん》とは性格《せいかく》のちがう人《ひと》とのつき合《あ》いも大切《たいせつ》にしてみよう。自分《じぶん》の考《かんが》え方《かた》の視野《しや》を広《ひろ》げるいいチャンスになると思《おも》うんだ。

よくないことに誘《さそ》われたら？

そりゃ買《か》ってから食《く》うよ!!
食《く》い買《が》いはおかしいだろ！
ガク
学校《がっこう》の帰《かえ》り道《みち》に食《た》べものを買《か》って食《た》べるのを買《か》い食《ぐ》いって言《い》うんだよ
学校《がっこう》の規則《きそく》で、買《か》い食《ぐ》いは禁止《きんし》されているんだ
え～なんで？
Why《ホワイ》?
禁止《きんし》の理由《りゆう》がわからないよ
ちゃんとお金《かね》出《だ》して買《か》うんだし

パピ○を買《か》って
ふたりで半分《はんぶん》ずつ
食《く》おうぜ！
うっ
魅力的《みりょくてき》な
提案《ていあん》…
ジュルッ
別《べつ》にだれにも
めいわくをかける
わけじゃないし！
友《とも》だち
だろ!!
グイッ
フラフラ
クリーム

いいじゃん
別《べつ》に!!
どうしたらいい?
断《ことわ》ったら嫌《きら》われる
かもしれない…。
でもぼくは買《か》い食《ぐ》い
をしたくない…。
決《き》まりは守《まも》りたい
どう
しよう…
グイ

パッ
トム！学校《がっこう》の決《き》まりは守《まも》ろう！
守《まも》ろうって決《き》めたことだから!!
・・・
・・・
ドキドキ
決《き》まりじゃしょうがないか…
いそいで家《いえ》に帰《かえ》ってアイス食《く》うわ！
バーイ！
ホッ

…と いうことが あったん だよ
ユウマ えらい!!
それは トムに とっても よかったよ！
しっていて 決《き》まりを やぶることは できないからね
トムが わかって くれて よかったよ
ごほうび あるよ！
ハトッ
パピ○!!
本当《ほんとう》の友《とも》だちなら、 つるんでいっしょに 悪《わる》いことをするん じゃなくて
よくない 誘《さそ》いは きっぱり 断《ことわ》らない とね!!
パキン

言《い》いたいことを言《い》い合《あ》えるのが友《とも》だち

お互《たが》いに本気《ほんき》でぶつかり合《あ》って、遠慮《えんりょ》なくものを言《い》い合《あ》える。そんな友《とも》だちが、きみにはいるだろうか。こんなことを言《い》ったら嫌《きら》われるかもしれない——そんな遠慮《えんりょ》がある間《あいだ》は、本当《ほんとう》の友《とも》だちとはいえない。言《い》いたいことを言《い》い合《あ》って、ときにはけんかもする。そうやって、ふたりの関係《かんけい》を深《ふか》めていくのもいいんじゃないかな。

ひとりでいると不安《ふあん》でしょうがない「友《とも》だちがいないと不安《ふあん》だ症候群《しょうこうぐん》」の人《ひと》は、ひとりで考《かんが》え、行動《こうどう》する勇《ゆう》気《き》もなくしてしまっていると思《おも》う。友《とも》だちが行《い》くから行《い》く、友《とも》だちがやるからやる。それは、友《とも》だちが盗《ぬす》むから盗《ぬす》む、友《とも》だちがいじめるから、いじめるってことかい? ちがう、そうじゃないはずだ。そんなときには、勇気《ゆうき》を出《だ》してきっぱりと断《ことわ》ることも必要《ひつよう》なんだ。自分《じぶん》の気持《きも》ちに正《しょう》直《じき》に、言《い》いたいことが言《い》い合《あ》える人《ひと》こそ、本当《ほんとう》の友《とも》だちなんだよ。

自分《じぶん》の気持《きも》ちに正直《しょうじき》になって、自分《じぶん》も、友《とも》だちも大切《たいせつ》にしよう！

これは悪《わる》いことだと思《おも》うことを、仲《なか》のいい友《とも》だちから誘《さそ》われたらどうする？「断《ことわ》ったら友《とも》だちと思《おも》ってもらえなくなるかな」「でも、やりたくない」「そんなに悪《わる》いことじゃないかな…」なんて、迷《まよ》ってしまうだろうか。そんなときは、自分《じぶん》の心《こころ》に聞《き》いてみよう。そして、やっぱり自《じ》分《ぶん》の判断《はんだん》が正《ただ》しいと思《おも》ったら、勇気《ゆうき》を出《だ》して断《ことわ》ろう。悪《わる》いことをするために、自分《じぶん》を苦《くる》しめてはいけない。自分《じぶん》を大切《たいせつ》にしよう。自分《じぶん》を大切《たいせつ》にできる人《ひと》こそが、友《とも》だちも大切《たいせつ》にできるんだと、ぼくは思《おも》うんだ。

1コマ アドバイス その3

きみは「あまった人《ひと》」になれるか？

「3人《にん》ひと組《くみ》になる」というゲーム（99ページ）には、続《つづ》きがある。次《つぎ》に、「11人《にん》ひと組《くみ》」になってもらうんだ。すると、3人組《にんぐみ》が合体《がったい》しはじめるけど、どうしてもひとりあまる。だれかが「自分《じぶん》が出《で》る」と言《い》わないかぎり、11人《にん》にはなれない。さあ、どうする？

「単独者《たんどくしゃ》」になることを選《えら》ぼう！

出《で》た人《ひと》は、最後《さいご》にあまった人《ひと》になる可能性《かのうせい》が高《たか》い。この「あまった人《ひと》」になることを誇《ほこ》りに思《おも》ってほしい。ひとりになることを選《えら》んだ人《ひと》は、自分《じぶん》の力《ちから》で立《た》てる人《ひと》なんだ。ひとりになることをおそれない、そんな「単独者《たんどくしゃ》」になろう！

第《だい》4章《しょう》

本当《ほんとう》の友《とも》だちって どんな人《ひと》のことなの？

本当《ほんとう》の友《とも》だちは強《つよ》いきずなで結《むす》ばれる

この本《ほん》、お母《かあ》さんにもらって読《よ》んだらおもしろかった…
星の王子さま
サン＝テグジュペリ作

『星《ほし》の王子《おうじ》さま』のあらすじ

飛行士《ひこうし》の「ぼく」は、砂漠《さばく》に不《ふ》時着《じちゃく》し、小《ちい》さな星《ほし》からやってきた星《ほし》の王子《おうじ》さまと出会《であ》う。王子《おうじ》さまは、自分《じぶん》の星《ほし》に咲《さ》いたバラとけんかし、逃《に》げてきていた。その後《ご》、王子《おうじ》さまはキツネと出会《であ》って話《はな》すうちに、自《じ》分《ぶん》にとってバラが大切《たいせつ》な存在《そんざい》だったことに気《き》づく。王子《おうじ》さまはぼくに、蛇《へび》にかまれることで星《ほし》に帰《かえ》れると話《はな》した後《あと》、本当《ほんとう》に蛇《へび》にかまれていなくなってしまう。ぼくは別《わか》れを悲《かな》しみながらも、王子《おうじ》さまといっしょに過《す》ごした時間《じかん》を大切《たいせつ》に思《おも》うのだった。

サン＝テグジュペリ（1900年《ねん》〜1944年《ねん》）

フランス生《う》まれ。小説家《しょうせつか》、パイロット。航空技術《こうくうぎじゅつ》の発展途上《はってんとじょう》にあった当時《とうじ》、パイロットは非《ひ》常《じょう》に危険《きけん》な仕事《しごと》だった。日頃《ひごろ》目《め》にする、死《し》と隣《とな》り合《あ》わせの状況《じょうきょう》に陥《おちい》った人間《にんげん》のさまざまな行動《こうどう》を通《とお》して、その人間性《にんげんせい》を描《えが》いた作品《さくひん》が多《おお》い。代表作《だいひょうさく》に『夜間飛《やかんひ》行《こう》』『星《ほし》の王子《おうじ》さま』など。

星《ほし》の王子《おうじ》さまってぼくのことかな!?
キラーン
全然《ぜんぜん》ちがうよ!!
『星《ほし》の王子《おうじ》さま』はどこかの星《ほし》からきた王子《おうじ》さまの話《はなし》なんだけど、
その中《なか》に王子《おうじ》さまが**キツネと友《とも》だちになる話《はなし》**が出《で》てくるんだよ
それで馬《ば》ふんの団子《だんご》を食《く》わされるんでしょ?
『日本昔《にほんむかし》ばなし』じゃないよ!

最初《さいしょ》はキツネにとって、王子《おうじ》さまは何万人《なんまんにん》もいる
男《おとこ》の子《こ》のひとりでしかない

王子《おうじ》さまにとっても、キツネは何万《なんまん》びきものキツネと
見分《みわ》けがつかないキツネでしかない

でも、毎日毎日《まいにちまいにち》、王子《おうじ》さまとキツネは会《あ》って、
しゃべらないんだけど、座《すわ》る距離《きょり》がだんだん
近《ちか》づいていく——

そして、やがて王子《おうじ》さまにとっても、キツネにとっても、
お互《たが》いにかけがえのない存在《そんざい》になるっていう話《はなし》

その話《はなし》は きずなを つくるのは とても時間《じかん》が かかること
そして、そのきずなの大切《たいせつ》さについて 言《い》っているんだね
ウンウン
王子《おうじ》さまと キツネは、4時《じ》に会《あ》う 決《き》まりを つくると、3時《じ》から そわそわ しはじめる
そして 4時《じ》に会《あ》えると 本当《ほんとう》の幸《しあわ》せを 味《あじ》わえるって…
星の王子さま
さびしいから いっしょに いるんじゃない。その人《ひと》のかわりは いないから、かけがえのない友《とも》 なんだ…
そういうのが 本当《ほんとう》の友《とも》だちって いうんだろうな

いっしょにいなくても
さびしくはない
ひとりで大切《たいせつ》な時間《じかん》を過《す》ごせる
だけど、会《あ》えば大好《だいす》きな友《とも》
…それが親友《しんゆう》…
ユウマにとっての親友《しんゆう》はだれかな？
アサヒかな？トムかな？それとも、これからあらわれるのかな？
うーん…どうかな？楽《たの》しみだな！

お母《かあ》さん！
この前《まえ》もらった
『星《ほし》の王子《おうじ》さま』
おもしろかった
よ!!
よかった!!
お母《かあ》さんと
お父《とう》さんは
はじめは友《とも》だち
だったんだよね
そうねー
最初《さいしょ》は友《とも》だち。
そのあと
親友《しんゆう》になって
結婚《けっこん》するときは
星《ほし》の王子《おうじ》さま的《てき》な
存在《そんざい》だったけど
今《いま》では
すっかり
年《とし》の王子《おうじ》さまに
なったわねー
ん？
なんか
言《い》った
!?
ガバッ

困《こま》っている友《とも》だちがいたらどうする？

70年《ねん》以上前《いじょうまえ》の話《はなし》
なんだけどね
杉原千畝《すぎはらちうね》という日本《にほん》の外交官《がいこうかん》
によって、たくさんのユダヤ
人《じん》が救《すく》われたんだよ
当時《とうじ》、第二次世界大戦《だいにじせかいたいせん》という大《おお》きな
戦争《せんそう》が行《おこな》われていて、ナチス・ドイツ
にユダヤ人《じん》が迫害《はくがい》、つまり、不当《ふとう》に
苦《くる》しめられていた
杉原千畝《すぎはらちうね》は、ヨーロッパのリトアニアとい
う小《ちい》さな国《くに》に赴任《ふにん》していた外交官《がいこうかん》。彼《かれ》は、
ユダヤ人《じん》たちが逃《に》げ出《だ》せるように「ビザ」
という身分証明書《みぶんしょうめいしょ》を書《か》いてあげたんだ
当時《とうじ》、日本《にほん》とナチス・ドイツは同盟《どうめい》を結《むす》ん
でいたため、ユダヤ人《じん》の味方《みかた》をすることは、
日本政府《にほんせいふ》からみとめられなかった
しかし、杉原千畝《すぎはらちうね》は自分《じぶん》の身《み》がどうなろうと
「ユダヤ人《じん》を救《すく》わなくては！」と行動《こうどう》したんだ
ドイツ
リトアニア

杉原《すぎはら》千畝《ちうね》の発給《はっきゅう》した「命《いのち》のビザ」

第二次世界大戦中《だいにじせかいたいせんちゅう》、ナチス・ドイツから迫害《はくがい》されていたユダヤ人《じん》は、日本《にほん》を通過《つうか》するビザ（他国《たこく》に入国《にゅうこく》するときに入《にゅう》国《こく》の資格《しかく》があると証明《しょうめい》する身《み》分証明書《ぶんしょうめいしょ》）を得《え》て、第三《だいさん》の国《くに》に逃《のが》れる道《みち》しか残《のこ》されていなかった。

当時《とうじ》、ビザの発給《はっきゅう》は日本政《にほんせい》府《ふ》から禁止《きんし》されていたが、彼《かれ》らを助《たす》けたいという思《おも》いから、日本人外交官《にほんじんがいこうかん》・杉原千畝《すぎはらちうね》は、本国《ほんごく》の反対《はんたい》を押《お》し切《き》り、大量《たいりょう》のビザの発給《はっきゅう》を決心《けっしん》した。やがて命令《めいれい》によりリトアニアを離《はな》れる際《さい》にも、列車《れっしゃ》に乗《の》りながら、ギリギリまでビザを発《はっ》給《きゅう》し続《つづ》けたのだった。

杉原《すぎはら》が発給《はっきゅう》した「命《いのち》のビザ」は、6千人以上《せんにんいじょう》のユダヤ人《じん》を救《すく》ったといわれている。

杉原千畝《すぎはらちうね》

（1900年《ねん》〜1986年《ねん》）

岐阜県生《ぎふけんう》まれ。外交官《がいこうかん》。第二《だいに》次世界大戦中《じせかいたいせんちゅう》に、リトアニア領《りょう》事代理《じだいり》となる。ナチス・ドイツによるユダヤ人迫害《じんはくがい》に対《たい》し、人《じん》道《どう》・博愛精神《はくあいせいしん》をもって、ユダヤ系難民《けいなんみん》に手《て》を差《さ》しのべた。

1985年《ねん》にイスラエル政府《せいふ》の「諸国民《しょこくみん》の中《なか》の正義《せいぎ》の人賞《ひとしょう》」を受賞《じゅしょう》。翌年《よくねん》、神奈川県鎌倉市《かながわけんかまくらし》で死去《しきょ》。

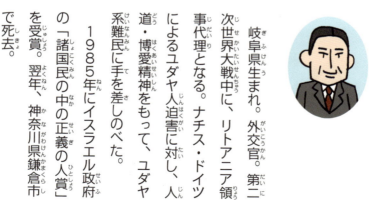

この間《あいだ》、ユウマはルールは守《まも》ろうとトムに主張《しゅちょう》したね
千畝《ちうね》は、人《ひと》を助《たす》けるために自《みずか》らルールをやぶったんだ
人《ひと》を助《たす》けることはルールを守《まも》ることよりもっと大事《だいじ》なのか…
戦争《せんそう》が終《お》わって、千畝《ちうね》は外交官《がいこうかん》をやめるんだけど、30年《ねん》ほどたってイスラエルという国《くに》にまねかれるんだ
まねいたイスラエルの政治家《せいじか》は、千畝《ちうね》がビザを発給《はっきゅう》したユダヤ人《じん》だったんだ
イスラエル
千畝《ちうね》はユダヤ人《じん》たちはどうしているかとずっと思《おも》っていた。そして、千畝《ちうね》がビザを発給《はっきゅう》してあげたゾラフというユダヤ人《じん》も、千畝《ちうね》をずっとさがしていたんだって
ふたりは再会《さいかい》していろいろな話《はなし》をするんだけど、これってすごい友情《ゆうじょう》だと思《おも》わない？

ピンポーン
アサヒ!!
ユウマ助《たす》けてぇ~
ヨロヨロ~
はらへったぁ~
母《かあ》ちゃんが留守《るす》でいなくて、今日《きょう》、カギをわすれたから家《いえ》に入《はい》れない…
オヤツが食《く》えねえ…
アサヒ待《ま》ってろ!!
チーン
できたぞ!!
うめぇ~
ハフ
ハフ
助《たす》かったぜ
命《いのち》のピザ…なんつって
パク
ガク

かけがえのない人《ひと》に変《か》わるとき、きずなで結《むす》ばれた親友《しんゆう》になる。

さあ、いよいよ本当《ほんとう》の友《とも》だち「親友《しんゆう》」の話《はなし》だ。はじめは単《たん》に仲《なか》の良《よ》かっただけの「ゆる友《とも》」でも、いっしょに遊《あそ》んだり、意見《いけん》を交《か》わしたりしているうちに、大好《だいす》きになってかけがえのない人《ひと》に変《か》わっていくことがある。困《こま》っている友《とも》だちを助《たす》けるときにも、友情《ゆうじょう》は深《ふか》まる。自分《じぶん》のことをかえりみず、相手《あいて》に手《て》を貸《か》すとき、お互《たが》いが特別《とくべつ》な存在《そんざい》になるんだ。

きみにとって、相手《あいて》にとって、お互《たが》いが替《か》えのきかない友《とも》だちになること。それが「きずなで結《むす》ばれた」本当《ほんとう》の友《とも》だち、親友《しんゆう》どうしなんだよ。

本《ほん》気《き》でぶつかるってどういうこと？

前《まえ》の休《やす》み時間《じかん》に
書《か》くとか
そんなのズルだろ！
こっちが先《さき》に
来《き》てるんだから!!
と言《い》いたいが言《い》えない↓
パクパク
なんだよ。言《い》いたいことがあるんだったら言《い》えよ！
しょうがない…
アハハハ
スゴスゴ
何《なに》それ!?

そういうのはダメだと思《おも》う!!
プンプン
わたしからアサヒに言《い》っといてあげる!!
ウ、ウン
アサヒおはよう!
キッ
ビクッ

言《い》いたいことがあるなら、オレに直接《ちょくせつ》言《い》えばいいのに、ユイに言《い》いつけるとか、ひきょうなことすんな！お前《まえ》のこと、みそこなったぞ!!
…
アサヒに嫌《きら》われちゃった…
友《とも》だちどうしだから本気《ほんき》でぶつかったほうがよかったかもね
ショボン
友《とも》だちでイタイなら
ゴツーン
イターイ
衝突《しょうとつ》も必要《ひつよう》です!!
ゴメン…今《いま》そのノリムリだわ…
グスン
グスン
アラマ

相手《あいて》の気持《きも》ちを本気《ほんき》で考《かんが》えてみよう

あれからアサヒが口《くち》をきいてくれない…
うう…
うーん…
アサヒはユウマのことを友《とも》だちだと思《おも》ってるからこそ
意見《いけん》を直接《ちょくせつ》言《い》ってくれなかったことにガッカリしたのかもね
でも、あのとき直接《ちょくせつ》言《い》ったらけんかになったかもしれないじゃん
確《たし》かにそうかもしれない
自分《じぶん》の意見《いけん》を言《い》うときは…
相手《あいて》の気持《きも》ちを尊重《そんちょう》することが大切《たいせつ》なんだ!!

たとえばあのとき、
「ここはオレたちの
場所《ばしょ》だから、どっか
行《い》けよ！」
って言《い》うのと――

「アサヒが前《まえ》の休《やす》み時間《じかん》から
サッカーしたいと
思《おも》っていたのはわかるけど、
ぼくらだって同《おな》じくらい
サッカーしたくて
走《はし》ってきたんだから、
いっしょにやろうよ！」
って言《い》うのと
どちらがいいと思《おも》う？

相手《あいて》の気持《きも》ちを考《かんが》えてから言《い》おう

相手《あいて》の気持《きも》ちを考《かんが》えて、ものを言《い》うってかんたんなことじゃないよね。まず、相手《あいて》がどんなことを言《い》ってくるかわからないし、その時《とき》、その場面《ばめん》で、自分《じぶん》が冷静《れいせい》でいられるかどうかもわからない。自分《じぶん》が口《くち》べただったりしたら、よけいにそうだと思《おも》う。

相手《あいて》から一方的《いっぽうてき》に言《い》われたことで、こちらが傷《きず》つくことだってあるよね。その場《ば》でうまく言《い》えなかったとしても、しかたがないこともある。でもね、少《すこ》し時間《じかん》がたってからでもいいと思《おも》うんだ。「あのとき、言《い》えなかったけど…」って、ちゃんと話《はな》せばわかってくれると思《おも》う。マンガの中《なか》で、アサヒが怒《おこ》っちゃったことも、ユウマが上手《じょうず》に言《い》えずに後悔《こうかい》してることも、よくわかる。

でも、本当《ほんとう》の友《とも》だちなら「あのときは…、ごめん…」って、きみのほうから言《い》おう。そうすればきっと、友《とも》だちもわかってくれるはずだ。

相手《あいて》の気持《きも》ちと立場《たちば》を考《かんが》えて話《はな》せば争《あらそ》いをさけることはできるんだよ
日本《にほん》の歴史《れきし》にも、そうやって戦争《せんそう》がさけられた例《れい》があるよ
えっ
戦争《せんそう》が!? それってだれの話《はなし》?

勝海舟《かつかいしゅう》と西郷隆盛《さいごうたかもり》だよ
ふたりがいなかったら、江戸《えど》は火《ひ》の海《うみ》になっていたかもしれないんだ
江戸幕府《えどばくふ》・陸軍総裁《りくぐんそうさい》
勝海舟《かつかいしゅう》
明治新政府軍《めいじしんせいふぐん》・参謀《さんぼう》
西郷隆盛《さいごうたかもり》
ふたりは対立《たいりつ》した立場《たちば》を代表《だいひょう》して会《あ》うんだ
あっ、知《し》ってる!!

江戸《えど》時代末期《じだいまっき》、軍備《ぐんび》と科学《かがく》の進《すす》んだ外国《がいこく》の船《ふね》が日本《にほん》にやってきて、人々《ひとびと》をおどろかせた。そして、「このままでは日本《にほん》があぶない！」と、大《おお》さわぎになった

これまでどおりの江戸幕府《えどばくふ》の政治《せいじ》では、日本《にほん》が成《な》り立《た》たなくなったんだ

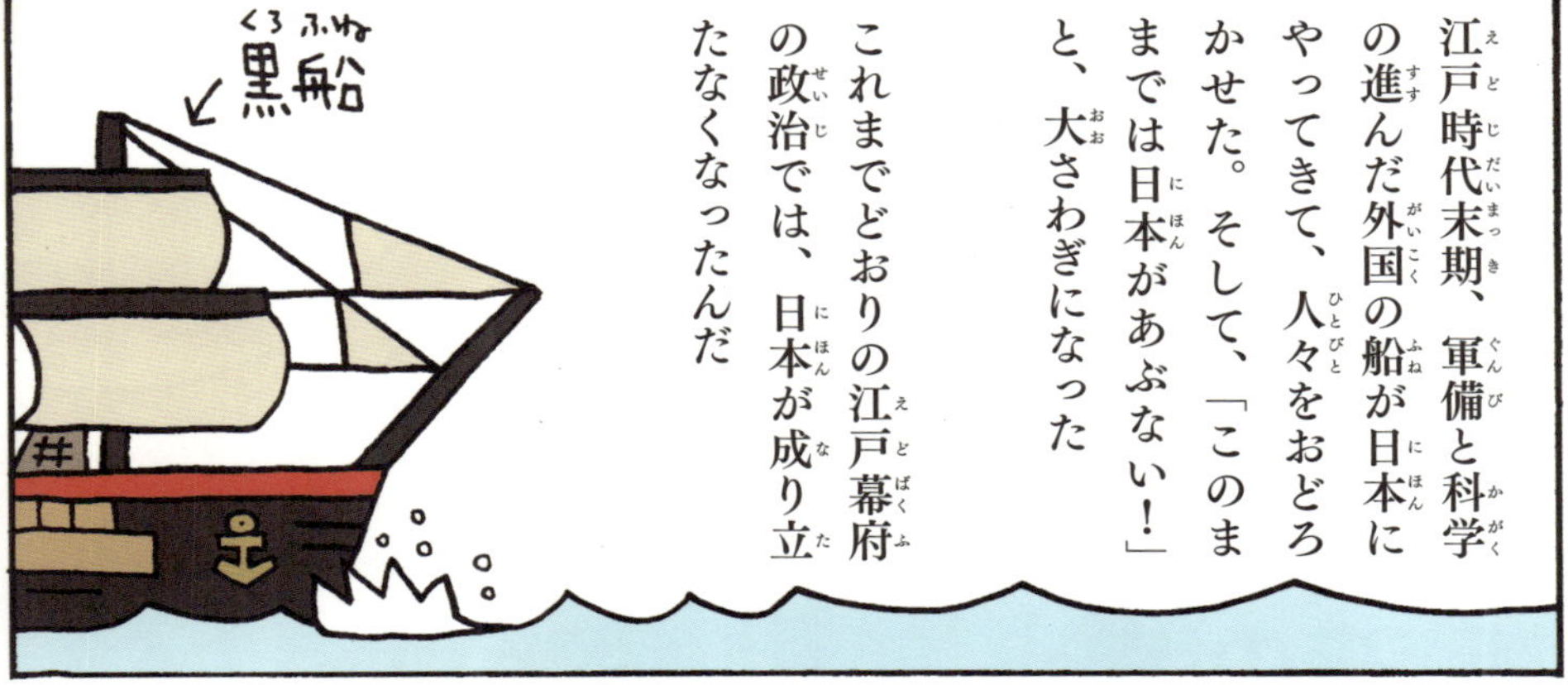

江戸幕府《えどばくふ》15代将軍《だいしょうぐん》・徳川慶喜《とくがわよしのぶ》は政権《せいけん》をいったん朝廷《ちょうてい》に返《かえ》して、徳川家《とくがわけ》も入《い》れた新《あら》たな政権《せいけん》を立《た》てようとしたんだよ

ところがこれに対《たい》し、徳川家《とくがわけ》をしめ出《だ》して、明治新政府軍《めいじしんせいふぐん》が立《た》ち上《あ》がったんだ

江戸幕府《えどばくふ》はこれに怒《おこ》って、ついに京都《きょうと》で戦《たたか》いとなった。しかし、西郷隆盛《さいごうたかもり》率《ひき》いる明治新政府軍《めいじしんせいふぐん》は勝利《しょうり》を重《かさ》ね、江戸《えど》まで攻《せ》め上《あ》がってきた

そこで、江戸《えど》への攻撃《こうげき》をやめてもらおうと勝海舟《かつかいしゅう》が立《た》ち上《あ》がった

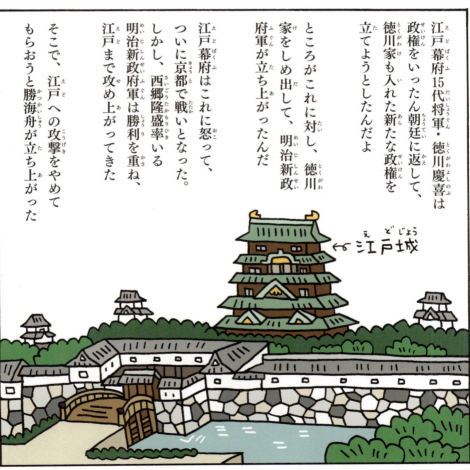

勝海舟《かつかいしゅう》は薩摩藩邸《さつまはんてい》（今《いま》の東京都品川《とうきょうとしながわ》）に行《い》き、西郷隆盛《さいごうたかもり》と話《はな》したんだ
お互《たが》いに「江戸幕府《えどばくふ》」と「明治新政府《めいじしんせいふ》」という重《おも》いものを背負《せお》いながら、その代表《だいひょう》として話《はな》し合《あ》った

勝海舟《かつかいしゅう》の談判《だんぱん》

勝海舟《かつかいしゅう》の立場《たちば》と考《かんが》え

立場《たちば》
政権《せいけん》をうばわれ、くやしがっている江戸幕府《えどばくふ》の代表《だいひょう》

考《かんが》え1
近代兵器《きんだいへいき》をそろえる明治《めいじ》新政府軍《しんせいふぐん》には、かないそうにない。しかし、幕府《ばくふ》の人間《にんげん》たちを守《まも》りたい

考《かんが》え2
政権《せいけん》をわたしたとしても、徳川家《とくがわけ》を存続《そんぞく》させたい

共通《きょうつう》の思《おも》い
罪《つみ》のない江戸《えど》の民《たみ》を、戦《たたか》いにまきこみたくない

そして、ふたりはお互《たが》いの立場《たちば》と考《かんが》えを理解《りかい》したうえで、共通《きょうつう》の思《おも》いを見出《みいだ》し、戦《たたか》いをやめたんだ
これが歴史《れきし》に残《のこ》る「江戸城無血開城《えどじょうむけつかいじょう》」の話《はな》し合《あ》いだよ!!

西郷隆盛《さいごうたかもり》と
戦《たたか》いは、国力《こくりょく》を弱《よわ》めることになる
考《かんが》え1
明治新政府《めいじしんせいふ》に歯向《はむ》かうのであれば、徳川家《とくがわけ》をほろぼさねばならない
立場《たちば》
まったく新《あたら》しい政治《せいじ》をはじめようとする明治新政府《めいじしんせいふ》の代表《だいひょう》
西郷隆盛《さいごうたかもり》の立場《たちば》と考《かんが》え
考《かんが》え2
国民《こくみん》に明治新政府《めいじしんせいふ》の強《つよ》さを知《し》らしめる必要《ひつよう》がある

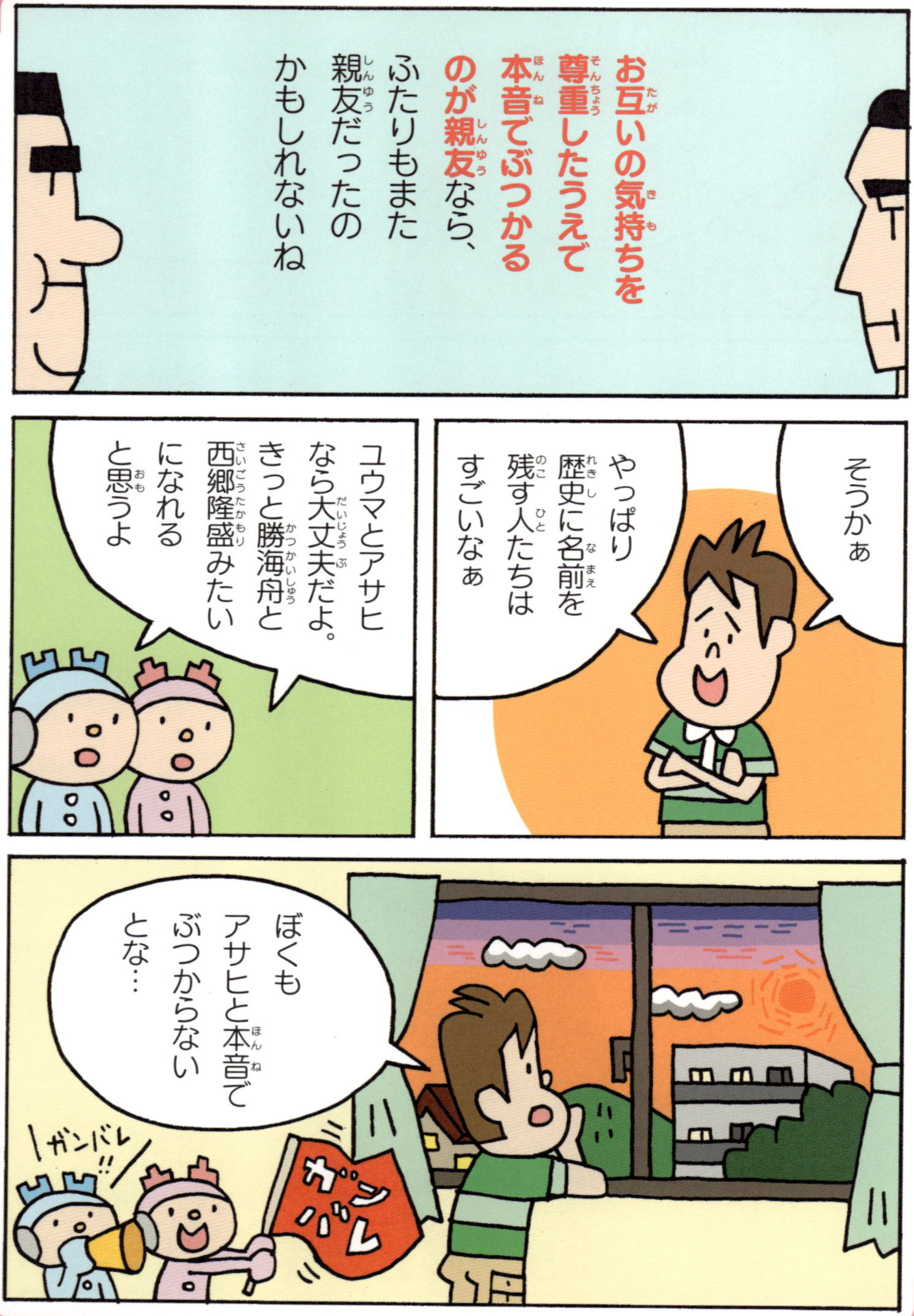
お互《たが》いの気持《きも》ちを尊重《そんちょう》したうえで本音《ほんね》でぶつかるのが親友《しんゆう》なら、ふたりもまた親友《しんゆう》だったのかもしれないね
そうかぁ
やっぱり歴史《れきし》に名前《なまえ》を残《のこ》す人《ひと》たちはすごいなぁ
ユウマとアサヒなら大丈夫《だいじょうぶ》だよ。きっと勝海舟《かつかいしゅう》と西郷隆盛《さいごうたかもり》みたいになれると思《おも》うよ
ぼくもアサヒと本音《ほんね》でぶつからないとな…
ガンバレ!!
ガンバレ

お互《たが》いが本気《ほんき》で向《む》き合《あ》ったとき、そこに友情《ゆうじょう》が生《う》まれる!

短《みじか》い時間《じかん》のつき合《あ》いでも、本当《ほんとう》の友情《ゆうじょう》が生《う》まれることがある。それは、本気《ほんき》でぶつかり合《あ》ったときだ。たとえば、スポーツで全力勝負《ぜんりょくしょうぶ》する、本《ほん》気《き》で意見《いけん》を戦《たたか》わせるなど、お互《たが》いが遠慮《えんりょ》することなくふみこみ合《あ》ったときに、強《つよ》いきずなで結《むす》ばれるんだ。ただし、むやみに主張《しゅちょう》し合《あ》うのとはちょっとちがうよ。相手《あいて》の主張《しゅちょう》と立場《たちば》をよく理解《りかい》して、お互《たが》いをみとめ合《あ》ったうえで、正々堂々《せいせいどうどう》とぶつかるんだ。だから、相手《あいて》にみとめられる存在《そんざい》でいられるように、ふだんから自分《じぶん》を磨《みが》いておこう!

信頼《しんらい》すること、されることの大切《たいせつ》さ

ユウマとアサヒは信頼《しんらい》し合《あ》っていたんだね…
うん！あ、もちろんユジーンとダッチーのことも信頼《しんらい》してるよ
ひみつを守《まも》れる人《ひと》は本当《ほんとう》の友《とも》だちだからね！
話《はな》したことをほかの人《ひと》にしゃべらないから、打《う》ち明《あ》け話《ばなし》もできるよね
ふたりには話《はな》せるけど、ぼくが3年生《ねんせい》までオネショしてたこととかー
幼稚園《ようちえん》のとき、とうめいになれるひみつの呪文《じゅもん》をふたりで考《かんが》えたこととかー
アサヒはぜんぶ知《し》ってるけど、ほかの人《ひと》にはしゃべってない…

本当《ほんとう》の友《とも》だち判定《はんてい》「2つのキーワード」

1 打《う》ち明《あ》け話《ばなし》ができるか？

- きみは、友《とも》だちに大事《だいじ》な打《う》ち明《あ》け話《ばなし》ができるかな？
- きみの友《とも》だちは、きみの特別《とくべつ》な話《はなし》を、ただ、だまって聞《き》いてくれるかな？

2 ひみつを守《まも》れるか？

- きみの友《とも》だちは、きみが打《う》ち明《あ》けた特別《とくべつ》な話《はなし》を、だれにも言《い》わないでいてくれるかな？
- きみはそんな友《とも》だちを、ずっと信《しん》じていられるかな？

アサヒー!!
ん?
ハァハァ
ハァ
ぼく…言《い》いたいことがあって…
ハァハァ
オレも!!
ユウマと話《はな》したいことがたまってるんだ!
そうなので.
フフフ

信頼《しんらい》から生《う》まれる力《ちから》は宝物《たからもの》になる

友《とも》だちどうしで信頼《しんらい》し合《あ》うと大《おお》きな力《ちから》が生《う》み出《だ》されるよ
下《した》のように信《しん》じ合《あ》っているから、自分《じぶん》がふたりいるのと同《おな》じなんだ!!

きみは自分《じぶん》にとっての友《とも》だち、自分《じぶん》もきみにとっての友《とも》だち
ぼくはそれをうたがわない。きみもそれをうたがわない
これからもずっと友《とも》だちでいたい!

信頼《しんらい》し合《あ》った友《とも》だちは…

1 遠慮《えんりょ》なく助《たす》けを求《もと》められる

- その友《とも》だちは、いつ、どんなときでも、きみのために時間《じかん》をさいて、頼《たの》みを聞《き》いてくれる。

2 真実《しんじつ》を話《はな》せる

- その友《とも》だちには、どんなに言《い》いにくい話《はなし》でも、つつみかくさず本当《ほんとう》の話《はなし》ができる。

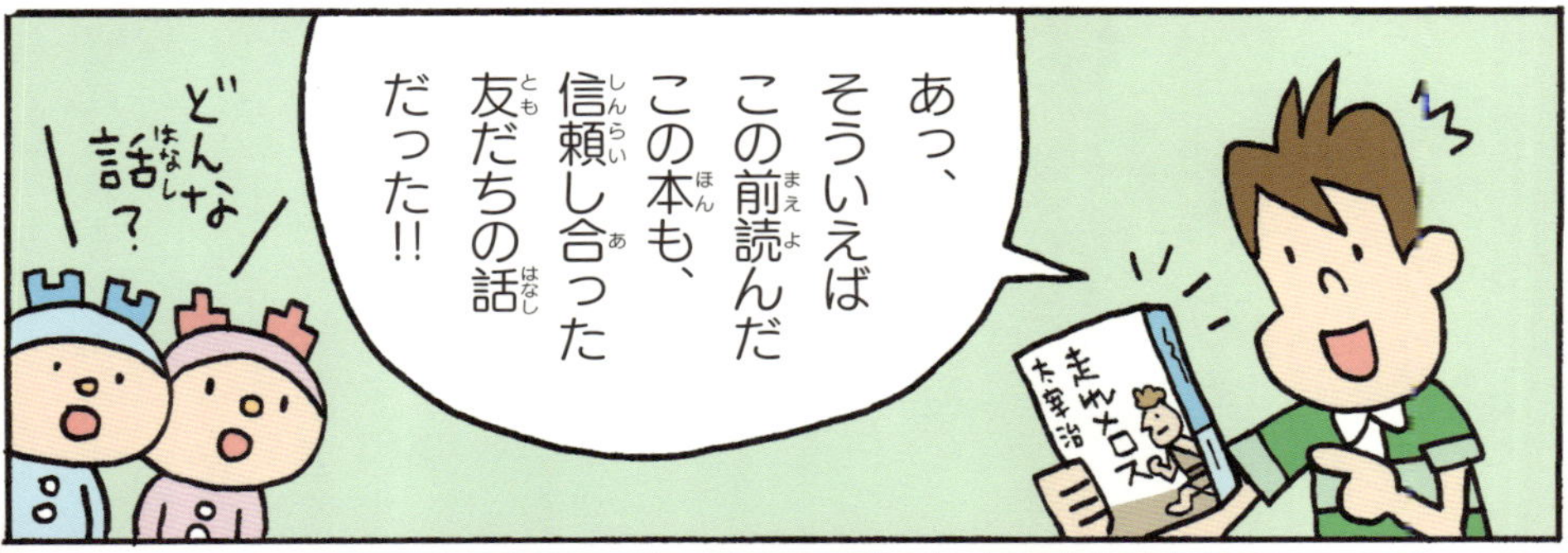

友《とも》だちどうしの「信頼《しんらい》」をえがく

『走《はし》れメロス』

妹《いもうと》の結婚式《けっこんしき》に必要《ひつよう》なものを買《か》いに街《まち》へ出《で》てきたメロスは、街《まち》の異様《いよう》な静《しず》けさを不審《ふしん》に思《おも》う。その原因《げんいん》は多《おお》くの市民《しみん》を処刑《しょけい》する人間不信《にんげんふしん》のディオニス王《おう》だとわかり、メロスは城《しろ》へ侵入《しんにゅう》し王《おう》の暗殺《あんさつ》を試《こころ》みたが、あえなく兵士《へいし》に捕《と》らわれ王《おう》のもとに引《ひ》き出《だ》される。人《ひと》を疑《うたが》うことは恥《は》ずかしい罪《つみ》であると伝《つた》えたものの、王《おう》の怒《いか》りに触《ふ》れ処刑《しょけい》が決定《けってい》してしまう。

メロスは妹《いもうと》の結婚式《けっこんしき》を執《と》り行《おこな》うため、街《まち》に住《す》む親友《しんゆう》のセリヌンティウスを人質《ひとじち》に置《お》き、三《みっ》日後《かご》の日没《にちぼつ》までの猶予《ゆうよ》をもらう。セリヌンティウスと再会《さいかい》したメロスは必《かなら》ず戻《もど》ってくることを誓《ちか》い、村《むら》へと急《いそ》いで走《はし》った。村《むら》へ帰《かえ》ると結婚式《けっこんしき》の準備《じゅんび》を済《す》ませ、その日《ひ》のうちに結婚式《けっこんしき》を挙《あ》げさせた。結婚《けっこん》したことで、メロスとふたり暮《ぐ》らしだった妹《いもうと》の心配《しんぱい》をする必要《ひつよう》のなくなったメロスは、三日目《みっかめ》の朝《あさ》、再《ふたた》び街《まち》へ急《いそ》ぐ。街《まち》へ戻《もど》る途中《とちゅう》、不運《ふうん》なことに昨晩《さくばん》の大雨《おおあめ》による川《かわ》の氾濫《はんらん》

や山賊《さんぞく》に遭遇《そうぐう》する。なんとか川《かわ》を泳《およ》ぎ切《き》り山賊《さんぞく》を倒《たお》したメロスは、全力《ぜんりょく》を尽《つ》くした結果《けっか》倒《たお》れ込《こ》み、親友《しんゆう》を裏切《うらぎ》るという選択《せんたく》が頭《あたま》をよぎる。しかし、近《ちか》くの岩《いわ》の隙間《すきま》から湧《わ》き出《で》る水《みず》を飲《の》み、体力《たいりょく》の回復《かいふく》とともに、必《かなら》ずセリヌンティウスを助《たす》けることを再《ふたた》び決意《けつい》する。友人《ゆうじん》の信頼《しんらい》にこたえるため、王《おう》を見《み》返《かえ》すため、全力《ぜんりょく》で走《はし》り続《つづ》けた。

太陽《たいよう》が沈《しず》みかけ、今《いま》まさにセリヌンティウスが処刑《しょけい》されようとするとき、メロスが到着《とうちゃく》する。メロスはセリヌンティウスを一度《いちど》裏切《うらぎ》ろうとしたこと、セリヌンティウスはメロスを一度《いちど》疑《うたが》ったことを告白《こくはく》し合《あ》い、一発《いっぱつ》殴《なぐ》り合《あ》った。ふたりの素晴《すば》らしい友情《ゆうじょう》を見《み》た王《おう》は、人間《にんげん》の真実《しんじつ》を知《し》り、信《しん》じる心《こころ》を取《と》り戻《もど》した。処刑《しょけい》は取《と》りやめとなり、再《ふたた》び活気《かっき》のある街《まち》が戻《もど》った。

太宰治《だざいおさむ》

（1909年《ねん》〜1948年《ねん》）

青森県《あおもりけん》生《う》まれ。小説家《しょうせつか》。裕福《ゆうふく》な地主《じぬし》の家《いえ》の六男《ろくなん》として育《そだ》つ。幼《おさな》い頃《ころ》から優秀《ゆうしゅう》で、芥川龍之介《あくたがわりゅうのすけ》や菊池寛《きくちかん》、井伏鱒二《いぶせますじ》の小説《しょうせつ》を愛《あい》読《どく》。1930年《ねん》、東京帝国大学《とうきょうていこくだいがく》（現《げん》・東京大学《とうきょうだいがく》）仏文科《ふつぶんか》に入学《にゅうがく》し、同年《どうねん》、井伏鱒二《いぶせますじ》に弟子《でし》入りする。昭和《しょうわ》を代表《だいひょう》する小説家《しょうせつか》で、今《いま》でも若者《わかもの》たちに絶大《ぜつだい》な人気《にんき》がある。代表作《だいひょうさく》に『走《はし》れメロス』『人間失格《にんげんしっかく》』など。

わたしは、信《しん》じられている。
わたしの命《いのち》なぞは、
問題《もんだい》ではない。
信頼《しんらい》に
報《むく》いなければならぬ。
いまはただその一事《いちじ》だ。
走《はし》れ！　メロス。
メロスが一度《いちど》倒《たお》れたのに
セリヌンティウスの信頼《しんらい》にこたえようと起《お》き上《あ》がって走《はし》るところが感動《かんどう》するよね
信頼《しんらい》は力《ちから》になるんだよ!!

信《しん》じられているから走《はし》るのだ。
間《ま》に合《あ》う、間《ま》に合《あ》わぬは問題《もんだい》ではないのだ。
あと、ふたりがお互《たが》いに信頼《しんらい》を疑《うたが》ったことを正直《しょうじき》に話《はな》すところもいいよね
そのことで信頼《しんらい》をさらに深《ふか》める
ガシッ
確《たし》かに人間《にんげん》は弱《よわ》いから、信頼《しんらい》がゆらぐこともあるんだよね…

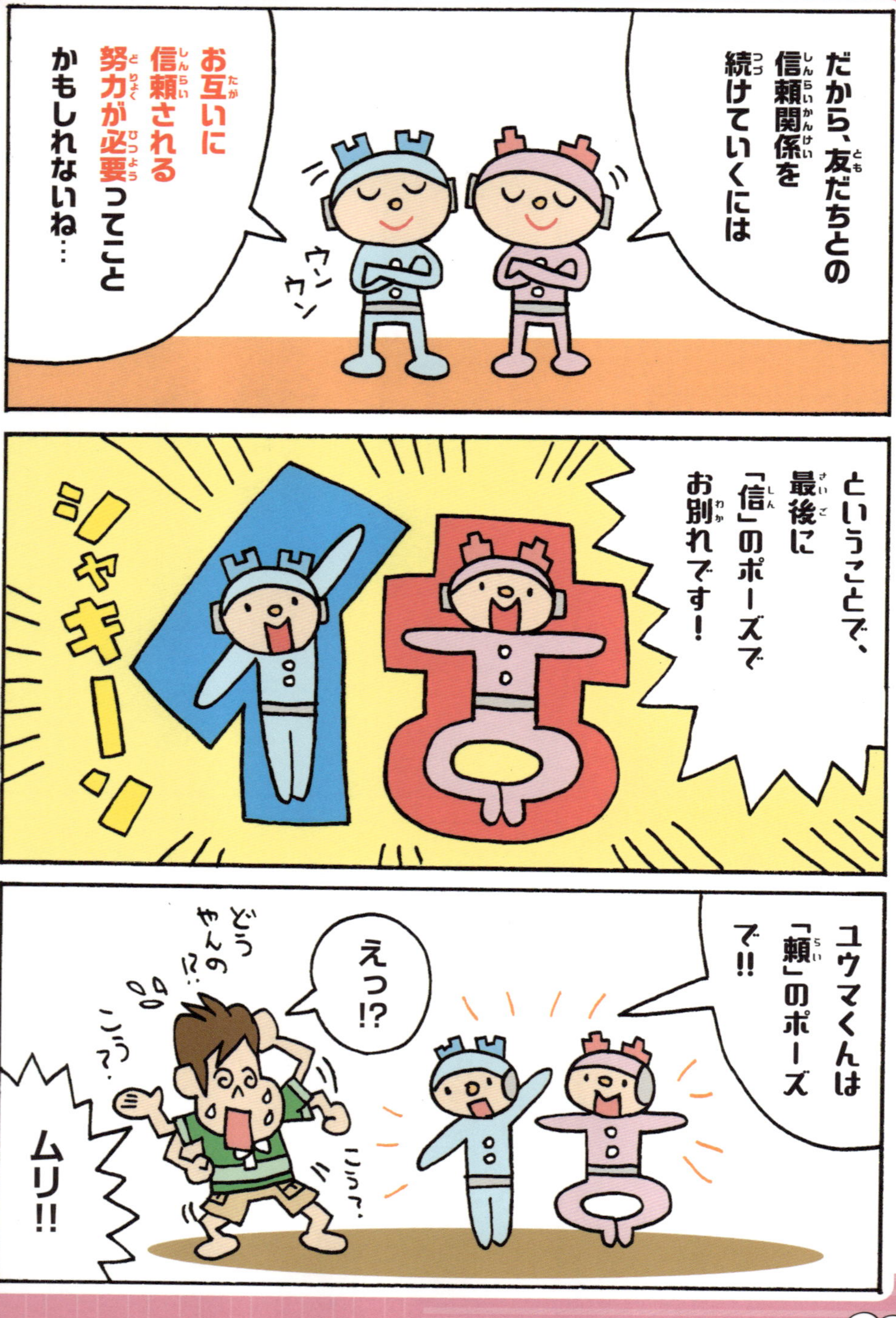

だから、友《とも》だちとの信頼関係《しんらいかんけい》を続《つづ》けていくには
お互《たが》いに信頼《しんらい》される努力《どりょく》が必要《ひつよう》ってことかもしれないね…
ウンウン
ということで、最後《さいご》に「信《しん》」のポーズでお別《わか》れです！
シャキーン
ユウマくんは「頼《らい》」のポーズで!!
えっ!?
どうやんの!?
こう？
こう？
ムリ!!

齋藤《さいとう》先生《せんせい》からのメッセージ

信頼《しんらい》は、強《つよ》い友情《ゆうじょう》のあかし。宝物《たからもの》のような友情《ゆうじょう》をつくろう！

お互《たが》いに、友《とも》だちであるための大切《たいせつ》な条件《じょうけん》とはなんだろう。それは、打《う》ち明《あ》け話《ばなし》ができること、ひみつを守《まも》れること、この2つだ。これが友《とも》だちとの信頼《しんらい》を築《きず》く。信頼《しんらい》は強《つよ》い。信頼《しんらい》に裏打《うらう》ちされた友情《ゆうじょう》は鉄壁《てっぺき》だ。信頼《しんらい》し合《あ》えてさえいれば、その友情《ゆうじょう》は強《つよ》く大切《たいせつ》なものになる。この本《ほん》で紹介《しょうかい》した太宰治《だざいおさむ》の『走《はし》れメロス』の中《なか》に、こんな一節《いっせつ》がある。

「――友《とも》と友《とも》の間《あいだ》の信実《しんじつ》は、この世《よ》で一《いち》ばん誇《ほこ》るべき宝《たから》なのだからな」

さあ、きみも宝石《ほうせき》のように光《ひか》りかがやく友情《ゆうじょう》をつくっていこう！

エピローグ

4月《がつ》ー
だれと同《おな》じクラスかなあ…
ガヤ
ガヤ
オレ2組《くみ》!
わたし3組《くみ》!!
5年3組
5年2組
5年1組
やったー
いっしょだね!!

えーっと、アサヒとトムは1組《くみ》で…ユイは2組《くみ》…
ぼくは3組《くみ》か…
よっ!! ユウマ
またちがうクラスだな!
あっ、みんな!!
ユウマ、あんまり友《とも》だちがいないクラスで大丈夫《だいじょうぶ》か?
大丈夫《だいじょうぶ》じゃなかったよ…
去年《きょねん》までは…

でも、ユジーンとダッチーがいろいろ教《おし》えてくれたからもう大丈夫《だいじょうぶ》!!
10人《にん》のうち、うまくいくのはふたりくらい
ゆる友《とも》からはじめる
友《とも》だちも大切《たいせつ》だけど、ひとりの時間《じかん》も大切《たいせつ》
できるだけ誘《さそ》いにのる
ちがいをみとめて手《て》をつなぐ
親友《しんゆう》とは本気《ほんき》でぶつかる

新《あたら》しいクラスに
不安《ふあん》もあるけど、
楽《たの》しみでもあるよ!!
新《あたら》しい
教室《きょうしつ》まで
ヨーイドン!
ダーッ
よし!
ろうかを
走《はし》っちゃ
ダメだぞ!!
コラー
あっ、
カピバラ
先生《せんせい》!!
カピバラじゃないよ!!
ハハハハハハ

ところで
ユジーンと
ダッチーは
どうしたの?
そういえば
最近《さいきん》、見《み》ない
よね
それが、どっか
行《い》っちゃったん
だよね
でも
本当《ほんとう》の
友《とも》だち
なら──
いつもいっしょに
いなくても、
きずなを感《かん》じる
ことができるって
ふたりは
言《い》ってたから

どこかで見守《みまも》ってくれているような気《き》がするよ…
案外《あんがい》、近《ちか》くにいて、その辺《へん》に漢字《かんじ》ポーズでかくれていたりして！
ハハハ
ハハハ
エヘ
かん
（完《かん》）

著　齋藤孝《さいとうたかし》

1960年、静岡県生まれ。東京大学法学部卒業。東京大学大学院教育学研究科を経て、現在は明治大学文学部教授。専門は教育学、身体論、コミュニケーション論。著書に、『声に出して読みたい日本語』（草思社）、『こども学問のすすめ』（筑摩書房）、『こども孫子の兵法』（日本図書センター）、『国語は語彙力！』（PHP研究所）ほか多数。NHK Eテレ「にほんごであそぼ」の総合指導も担当している。

マンガ　いぢちひろゆき

1969年、大阪府出身。イラストレーター、マンガ家。立命館大学文学部卒業後、女性誌編集者を経てイラストレーターとして独立。とんちのきいたマンガとイラストが持ち味。著書に、『全日本顔ハメ紀行』（新潮社）、『底ぬけ父子手帳』（講談社）などがある。

● 企画・編集／オフィス303
● 装丁・本文デザイン／松川ゆかり（オフィス303）
● 編集協力／入澤宣幸

本書は、「齋藤孝のガツンと一発」シリーズ第3巻『そんな友だちなら、いなくたっていいじゃないか！』(PHP研究所)を大幅に加筆修正し、マンガ化したものです。

齋藤孝の「負けない！」シリーズ③
友だちってひつようなの？

2018年9月18日　第１版第１刷発行

著　者　齋藤　孝
マンガ　いぢちひろゆき
発行者　瀬津　要
発行所　株式会社PHP研究所
東京本部　〒135-8137　江東区豊洲5-6-52
児童書出版部　TEL 03-3520-9635（編集）
児童書普及部　TEL 03-3520-9634（販売）
京都本部　〒601-8411 京都市南区西九条北ノ内町11
PHP INTERFACE　https://www.php.co.jp/
印刷所・製本所　図書印刷株式会社

ISBN978-4-569-78790-9

NDC 913　159P　22㎝